U0129121

近代管樂團的形成與發展

許 雙 亮 著

文 史 哲 學 集 成
文史哲出版社印行

國家圖書館出版品預行編目資料

近代管樂團的形成與發展 / 許雙亮著. -- 初版 -- 臺北市：文史哲, 民 99. 02
頁: 公分. --（文史哲學集成；579）
ISBN 978-957-549-889-4 (平裝)

1. 管樂 2. 管樂隊 3. 管樂隊歷史

918.07　　99003312

文史哲學集成 579

近代管樂團的形成與發展

著　　者：許　雙　亮
出 版 者：文 史 哲 出 版 社
http:// www.lapen.com.tw
e-mail：lapen@ms74.hinet.net
登記證字號：行政院新聞局版臺業字五三三七號
發 行 人：彭　正　雄
發 行 所：文 史 哲 出 版 社
印 刷 者：文 史 哲 出 版 社
臺北市羅斯福路一段七十二巷四號
郵政劃撥帳號：一六一八〇一七五
電話886-2-23511028 · 傳真886-2-23965656

實價新臺幣三二〇元

中華民國九十九年（2010）二月初版

ISBN 978-957-549-889-4　　00579

序

自國中時期參加學校管樂隊，到師專、示範樂隊的年輕歲月，一直和管樂隊結下不解之緣。後來進入交響樂團，仍未忘情於管樂合奏的音響帶給我的感動，這些年裡曾指導過從小學到大學的管樂團，也發起成立「臺北市立交響樂團附設管樂團」並擔任指揮，在這些不同程度的樂團中，體驗到不同風格的音樂與經營方式，我的心得是：對年輕的學子，要激發他們對音樂的熱情，培養紮實的演奏能力；對大學生要充實他們的學理，開拓文化的視野。

秉持著對管樂的熱愛與對國內管樂團發展的使命感，多年來先後在《音樂時代》撰寫的專欄，在《省交樂訊》、《樂覽》、《管樂季刊》等音樂期刊上發表的文章，無一不是與管樂演奏或教學有關；近年在臺北愛樂電台主持的「管，它是什麼聲音」節目，也是寓教於樂的管樂專屬節目。

《近代管樂團的形成與發展》是筆者多年來一直想研究的課題，和文化領域中的其他藝術類科一樣，藉由對歷史的探尋，我們才能「知其然，而且知其所以然」，也從歷史發展的經驗中，找到日後發展的方向，也希望對管樂教育奉獻一份心力。

謹以此書獻給一生都讓我自由發展的父母，還有最支持我的內人雅婷，以及給我指導與協助的師長和朋友。

近代管樂團的形成與發展

目　　錄

第一章 緒 論

第一節 研究動機與目的

美國知名管樂指揮，也是管樂研究的學者懷特威爾（D. Whitwell）曾指出，研究管樂團歷史的人，會面對二選一的抉擇[1]：

1. 管樂團的文化根源是軍樂隊，而莫札特、白遼士、古諾、史特勞斯等人的作品是圍繞著它的歷史（發展）的。
2. 管樂團的文化根源是莫札特、白遼士、古諾、史特勞斯等人(的作品)，而軍樂隊是圍繞著它的歷史(發展）的。

而美國另一位研究管樂團歷史的學者巴替斯提（F. Battisti）選擇了後者，作爲他論述的中心思想[2]，因爲兩位學者的影響，促使筆者對此一主題的研究。再者，筆者在臺北市立交響樂團擔任演奏員將近三十年，同時也幾乎以相同的時間致力於管樂團的演奏與教育，此兩種觀點正好和管樂團

1 David Whitwell, "The Contemporary Band: In Quest of an Aesthetic Concept of History." *The Instrumentalist*（may 1969）, P.55.

2 Frank Battisti, *The Twentieth century American Wind Band/Ensemble, Galeville: Meredith Music,* 1995.

與管弦樂團的發展相關連，也是筆者熟悉的兩個領域。著眼點在於懷特威爾所列舉莫札特等曲家，都是「管弦樂團作曲家」，他們雖然在管弦樂的歷史上佔有重要地位，但是爲管樂合奏所寫的作品並不多，而且除了白遼士以外，都是室內樂型式的作品，尤其是「管樂小合奏團」（Harmoniemusik）類的居多，這些作品真能撐起人數較多、合奏類型和概念都不同的管樂團的歷史嗎？是否過於牽強？而這些作曲家所熟悉的領域—管弦樂團和歌劇院，又和管樂團發展的歷史有什麼關連呢？這些都是筆者想要在歷史中探求的答案。

雖然在音樂使的「正史」上，對管樂團的形成與發展著墨不多，但是，音樂上的各種合奏形式的形成和發展都有兩個條件，那就是「功能性的需求」與「樂器之製作」。

相較於管弦樂團（或交響樂團），管樂團基本上是一種平民階級的產物，在十九世紀真正的管樂團出現之初，除了軍樂隊作爲軍隊行進與作息之需，它多半作爲娛樂之用，在公園等露天場合爲民眾演奏輕鬆的音樂，所以它是一種以實用爲目的組合。這和管絃樂團的情況大不相同，後者源於歐洲的王宮貴族之家，很早就有作曲家專門爲它作曲，是他們表現藝術理想的重要工具。從編制來說，以絃樂四部合奏群爲基礎，加上獨奏的管樂聲部，此一基本架構，從海頓時代三十來人的小樂團，到史特拉汶斯基百人以上龐大樂團，都未曾改變，因此兩百多年來，管絃樂團一直很穩定的成長和發展。

在管樂團這一邊的情況則大異其趣，經過了好多好多年還是維持在「合奏團體」的概念，它的編制因時、因地，甚至因主事者不同而相異，緣是之故，從十九世紀到二十世紀中葉，管團的發源地 —— 歐洲各國樂隊的編制不一，作曲家所寫的管樂曲，在編制上可說是五花八門，莫衷一是。一直到 1950 年代才由芬奈爾（Frederick Fennell）提倡管樂合奏團（wind ensemble），才有所謂的標準編制。但是管樂合奏團的音響觀念和原本的管樂團或「音樂會樂隊」（concert band）是不同的，他能否被樂團指揮、作曲家甚至觀眾接受作爲真正管樂合奏的代表，在半個世紀後的今天，還是個見仁見智的問題。管樂團編制的發展與各國樂器製造的關係，也是筆者想要研究的課題。

再來就是曲目，西方的交響樂團之所以能歷經數百年的發展並且成爲世界不同地區、不同宗教信仰、文化背景的人都能接受的「普世價值」，其最重要的原因是由成千上萬的作曲家，在這幾百年中所創作累積下來的樂曲，也是管弦樂團得以世代延續的能源所在。

和管弦樂團比起來，管樂團有很大的不同，首先在它們的角色定位和發展歷史來看，前者早有貴族供養，後來又朝向職業化發展，管樂團是在十九世紀的中產階級中萌芽的，向來都是附屬在軍隊裡，或是業餘的「民間團體」，相對於管弦樂團，它只是「非主流」的音樂組織，自然不會獲得大作曲家們的青睞，在整個十九世紀諸多大師中只有白遼士的《葬禮與凱旋交響曲》、華格納的《葬禮交響曲》，和孟德爾頌的《序曲》較有份量，布拉姆斯的《大學慶典序曲》原來構想是以管樂團來表現，但是因爲對諸多複雜的管樂器沒有把握而作罷。

因此，在管弦樂團最飛黃騰達的十九世紀，管樂團只有一些不太有名的作曲家的應景之作，要不然就演奏一些借自管弦樂的改編曲。包括最著名的跨世紀蘇沙樂隊在內，除了他自己寫的進行曲之外，總免不了演奏一些《輕騎兵序曲》、《風流寡婦》之類的音樂。到了二十世紀初，英國作曲家霍爾斯特和弗漢威廉士才真正地、嚴肅地爲管樂團寫作音樂。二十世紀上半葉，大作曲家寫的管樂曲多爲「應景之作」（Pièce d'occation），世紀中經許多協會與有心之士的發起，以及伊斯曼管樂團成立，創辦人芬奈爾大力鼓吹，請多位名作曲家爲它寫曲，許多作曲家也注意到這個存在已久，再整頓後賦于新機的音樂媒介，所以在 1950-1960 年出現前所未有的管樂熱，自此，管樂團才慢慢擺脫只會吹奏軍樂進行曲或是有如管弦樂團替身的形象。因此，曲目演變是筆者想要研究的另一個課題。

任何事務的發展都不能忽略人才的培養，從十八世紀末法國以軍樂隊改制成爲歐洲最古老的音樂院 — 巴黎音樂院開始，到美國有了不同於歐洲經驗的發展，那就是在中小學廣設器樂合奏課程，包括管樂團與管弦樂團，各大學也有各種不同形式的樂團，造就了美國成爲世界上最多人口參與管樂團的國家，這些和學校教育有關的議題也值得探討。

本研究的目的是希望藉由樂團發展與曲目演變兩方面的探討，對這些課題找出結論，除了滿足個人對音樂學術的研究之外，也希望能找出可借鏡之處，有助於我國管樂團之發展，以及對音樂界、教育界提出更具體、更有脈絡可循的研究方向，也是爲音樂教育工作盡一份心力。

第二節 研究範圍

近代管樂團的定義設定法國大革命爲起點[3]，追溯其根源是文藝復興時期，威尼斯樂派以管樂爲主之教堂器樂合奏、德國的城市樂隊、古典時期之管樂小合奏以及爲國王服務的軍樂隊等管樂合奏的團體。由於十九世紀初樂器製造的重大變革，生產之樂器種類數倍於往昔，因此也有多種前所未見的合奏組合一如銅管樂團。也因爲各國樂器製造商不斷推出新樂器，形成百家爭鳴的局面，加以相異的國情與樂團領導者的個人好惡，造成歐洲各國的樂隊發展各具特色。而美國自殖民時代起，其音樂文化就深受殖民宗主國的影響，在管樂的發展方面又以英國爲最。到了二十世紀，由於國際間的交流日益頻繁，和美洲的樂隊在許多方面逐漸拉近，本書將梳理其歷史脈絡。

自近代管樂團問世伊始，演奏的樂曲除了慶典、遊行或軍隊作息所需之外，多爲管弦樂改編的，少有真正爲管樂團寫作的藝術性音樂，本書將回顧十九世紀的少數原創管樂曲，以及二十世紀具有代表性的作品，並選取幾首作爲分析實例。

另一方面，樂團編制的演變與學校的管樂教育，在本書中也將作探討。

---

3 David Whitwell, *A Concise History of The Wind Band,* St. Louis, Shattinger, 1985. p. 185.

第三節　研究方法

本研究所採取的方法主要有三：

一、文獻研究：和大多數歷史的研究一樣，就是對人類活動紀錄的回顧與整理，以 1789 年法國大革命爲起點，至今約二又四分之一個世紀，有關此一期間管樂發展的諸多歷史文獻是重點，透過對文獻的研究，歸納出各個重要歷史事件的發生、合奏觀念的改變、樂團成立及發展、曲目演變之前因後果。

二、樂譜研究：樂譜是記錄音樂發展的另一種途徑，透過對樂譜的研究，可觀察樂團與編制、配器發展的軌跡，也可以從中對不同時代的樂團與樂曲風格產生明確的理解與認知。

三、演奏實踐：身爲演奏者與管樂團指揮，藉由對研究範圍內之作品的詮釋與演練，可在其過程中感受音響的改變和樂團演變之關係。

以上就是筆者所採取的研究方法，至於研究工具方面則包括音樂史，管樂歷史、斷代史、各種管樂專書、配器法、樂器學爲緯，並在《樂器演奏家》雜誌及《管樂團研究學報》自 1960 年至今的數千篇論文及文章中，萃取其中和「管樂團的形成與發展」相關的內容爲經，加以歸納、分析，並透過不同作者、文字來源的驗證增加文獻之可信度，再加上筆者的心得與觀點，乃成此書。

第二章　法國大革命以前的管樂合奏

雖然一般習以法國大革命作爲近代管樂團的起點，但是和其他歷史事物的演變一樣，它絕不是突然發生的，也不是一時一地的獨立現象，必有其形成的原因。綜觀管樂的發展，在近代管樂團出現之前，最讓我們有深刻印象的事物有：歐洲皇室的「小號樂團」，法國路易十四時期的宮廷樂隊，德國雙簧管樂團，巴洛克時期德國的「城市樂隊」，土耳其軍樂隊等，這些是屬於功能性的脈絡，如同懷特威爾指的第一類。另外，義大利教堂中，以管樂器爲主體的合奏；十八世紀古典時期的「管樂小合奏團」（Harmoniemusik）[1]，是屬於藝術性的脈絡，如同懷特威爾指的第二類。

第一節　歐洲皇室的小號樂團

小號加上定音鼓的「小號樂團」，自十五世紀起在歐洲宮廷就很流行，一直是皇室的象徵，也是國王專屬的樂隊，一般人不得僭用。它除了靜止的演奏，也作爲行進樂隊之用，

1 Harmoniemusik 有同時指「管樂小合奏團」及其演奏的音樂的雙重意涵。

圖 2-1 十六世紀瑞典的皇家小號團

演奏者可能步行、也可騎馬。這種小號樂團最早出現在丹麥（1449 年）和法國（1467 年），十六世紀時英國（1514 年）也有，各國並逐漸擴編，「太陽王」路易十四在位期間

（1661-1715），法國宮廷有國王專屬的十二人小號團，其中四名爲「室內或普通小號」（法 trompettes ordinaries ou de la chambre），八名爲「非侍從小號」（法 trompettes non servants）；在軍樂隊裡還有「騎兵小號隊」，由小號和馱在馬上的定音鼓組成，小號演奏號曲時，定音鼓以即興的方式演奏作爲和聲的低音[2]。其中挑選出最優秀的四名，稱「國王的最愛」（法 des plaisir du roi）。

從這裡可以看出，小號樂團最重要的角色功能是作爲國王的儀仗隊的，這種樂隊古今中外都有，其目的是烘托國王或皇帝的威儀，並且對平民百姓有震懾的效果。可以說是現代行進樂隊（marching band）或遊行樂隊（parade band）的老祖宗。

原本以宮廷活動演出爲主要工作的小號樂團，在十七世紀末踏出了重要的一步，法國與英國的作曲家在歌劇中先賦予它們藝術性的角色。法國路易十四宮廷的作曲家盧利（Jean-Baptiste Lully, 1632-1687），在 1680 年把小號引入法國的藝術音樂（教堂音樂和歌劇），他的後繼者夏邦泰、拉莫等人，也都採用相同的手法一兩部小號（可由多人同奏一部）演奏高音旋律，配以定音鼓演奏的低音。

在英國，小號進入藝術音樂的時間較晚，最傑出的作曲家是菩賽爾（Henry Purcell, 1659-1695），他最早發現小號在非軍事用途的表現力。他在 1690 年代的三部歌劇中，都含有令人激動的小號樂段。

2 許雙亮：管樂合奏的歷史，台北，文史哲，2009，頁 34, 56, 64。

至於以維也納為中心的哈布斯堡王朝也不遑多讓，在卡爾六世當政時期（1711-1740），把宮廷小號手由七人增加到十四人，他們分成兩組：「音樂小號手」（德 Musikalische Trompeter），和「宮廷與野外小號手」（德 Hof und Feld Trompeter），每一組都有自己的定音鼓手，他們是宮廷裡重要慶典和節日不可或缺的樂團。當時的宮廷作曲家富克斯（Fux）、卡爾達拉（Caldara）、普雷迪埃爾（Predieri）等人，在他們的歌劇中，創作了驚人的小號聲部，其音區和技巧超過以往任何作品[3]。

第二節　法國的宮廷樂隊

講到近代管樂團的發展，一定不能不詳述十七世紀路易十四時期的宮廷樂隊，因為它們是影響法國大革命時期，甚至日後管樂團在角色上、功能上最重要的一環。當時的法國是歐洲人口最多、最強盛的國家，全歐洲都競相仿效法國的建築、藝術甚至衣著、家具和飲食，法語是歐洲貴族通用的語言。就像凡爾賽宮極盡華麗一般，法國的宮廷樂隊也以其編制之多樣領先各國，總共分為四個部門：御用樂隊（法 Écurie）、教堂樂隊（法 Chapelle）、室內樂隊（法 Chambre）與近衛兵樂隊（法 Maison militaire）。

一、御用樂隊：御用樂隊最具聲望，待遇也最好[4]，其下

3 經常要吹到第十二泛音，甚至偶而到第十四泛音。
4 音樂家們可與國王共同用餐，免除稅賦和兵役，還常常得到國王的賞賜，無勤務時可以住在巴黎、收學生。

還細分爲幾個小團，最有名的是「雙簧管合奏團」（法 Les grands hautbois du roi），在 1671 組成，它是音樂史上最著名的管樂團之一，編制是：高音（法 dessus）、中音（法 haute-contre）、次中音（法 taille）低音雙簧管（法 basse de Hautbois，應該就是低音管）各一對，再加上木管號和長號各一對，共計十二人。他們非常忙碌，主要勤務是配合國王的行程和皇宮內的官式活動演奏。

另外幾個小團是：八人的鼓笛隊，在音樂上不突出，卻是皇室生活中各種典禮乃至作息不可或缺的；十二人的小號團，是國王身份的表徵，其中四人要跟隨國王左右；風笛與民俗雙簧管團提供民俗性的演奏；另外一種五人的簧片樂器團[5]，專爲典禮演奏用。

除了這些小團，御用樂隊裡還有很多其他樂器的樂手供差遣，並作各種不同組合和形式的演出。

圖 2-2 雙簧管合奏團

5 樂器已難查考，但有學者推測可能是低音管家族的樂器。

二、教堂樂隊：由木管號和蛇形大號組成，負責教堂內的音樂演奏[6]。

三、室內樂隊：由法式小風笛（法 Musette）和橫笛組成，較具有娛樂功能。

四、近衛兵樂隊：和其他樂隊相較，近衛兵樂隊比較著重在戶外的勤務演奏和表演，也要外調到國王的行宮（如楓丹白露宮），除了典禮奏樂之外，還要提供國王娛樂，如國王一出皇宮，小號手要吹奏號曲，國王在後花園賞花散步，會有不同的小組樂團提供音樂。另外，有一項從前軍旅征戰時的遺風—馬術表演，也是宮廷的重要娛樂，當時的宮廷樂長盧利（1632-1687），曾在 1868 年爲這種表演寫過一首四個樂章的作品，由三支雙簧管、低音管、四支小號和定音鼓演奏。

法國不愧爲當時歐洲最強的國家，其宮廷樂隊之多樣、功能之齊全與水準之高，都是其他各國難以望其項背的。它的雙簧管合奏團是器樂合奏史上的一段佳話；其他娛樂性的樂團也成爲後世的典範。

第三節　德國的城市樂隊

在音樂史上，到巴哈時代才受人重視的德國的城市樂隊，其實存在已久，也是個從最初的功能性演變成藝術性團

6 Serpent，木管號族的低音樂器，體積長大，爲了便於演奏而製成像兩個連續的 S 形，因狀似蛇而得名。

體的例證，它的樂器編制有小號、長號和木管號[7]，起初是將管樂手配置在市政廳的高塔上，與守衛結合，最早有文獻記載的是 1335 年的呂納堡（Lüneburg）和 1348 年的法蘭克福（當時有 140 餘座高塔）。這些音樂家起初還都是「行吟樂人」，只有在節慶活動的演出才可獲得酬勞。到了十五世紀獲得市政當局的委任，成為城市中固定的音樂組織，並承諾給予一年或半年度的固定薪水（拉 salarium fixum）。演奏範圍不限於高塔，而涵蓋甚廣，包括配合官方活動演奏典禮音樂、慶典遊行、官式訪問、市民婚禮、受洗禮等，也在教堂及學校活動中演奏，他們演奏的音樂，通稱為「高塔音樂」（tower music），還有一項重要的事就是培養學徒，由於採師徒制，音樂家的職位也可世襲。

城市樂隊音樂家的待遇相當優渥，樂器、制服和樂譜的開銷由市政當局支出，在聖馬丁節及新年時，還可分配到燃料和麥子，甚至還可以減免稅賦，他們的固定待遇，往往僅次於城裡大教堂的管風琴師。

這種樂隊的標準編制是四重奏 — 三支蕭姆管和一支長號或滑管小號，在有些比較富有的城市的樂隊會有九個人。相較於大城市音樂家，小城鎮的城市樂隊音樂家往往是兼差性質，他們可能是公務員、風琴師、教師、樂器製造工，或從事其他行業的人，除了演奏之外，樂師們仍要擔任警哨的任務[8]。

---

7 木管號（Cornetto）近代銅管樂器的祖先，管身為圓錐形木製或象牙製，上開數孔，有杯狀號嘴，為木製或象牙製，是文藝復興時期重要的旋律管樂器。

8 *The New Grove Dictionary*, 18-50.

自十七世紀起，德國的城市樂隊可說是培養各類音樂家的溫床，社會上對音樂家的質與量都需求殷切，因此造就城市樂隊在巴洛克時期達到顛峰。當時他們最爲人熟知的功能，是在教堂的高塔上演奏聖詠曲（chorale），這樣的演出德文稱爲 abblasen，它對市井民眾的影響不可小覷，連帶地，在這種演出最常用的長號，已成爲人們心目中「上帝」與基督教音樂的象徵。在巴哈之前任萊比錫湯瑪士教堂樂長的庫鏡（J.Kuhnau），曾形容：

「由長號演奏的聖歌，每個樂句都讓人想像到天使的歌唱」[9]。

德國一般較小城市的音樂家有些是兼差的，至於大城市則多爲專業的音樂家[10]，常有機會參與或指導歌劇、音樂會或大節日的演出。到了巴哈時代，則常在教堂和合唱團一起演奏宗教音樂，尤以路德教派的四、五聲部聖詠曲爲主，這些音樂家並常支援巴哈的樂團演出，演奏家漸漸轉型爲藝術音樂的演奏，而不再具有其他的社會功能。

---

9 David Whitwell, *A Concise History of The Wind Band,* St. Louis, Shattinger, 1985.

10 巴哈的父親及叔叔都是城市樂隊音樂家，前者在愛塞納赫、後者在安斯塔。音樂之友社，《新訂標準音樂辭典》，林勝儀譯，台北，美樂出版社，1999，頁 92。

圖 2-3 德國的城市樂隊

巴洛克時期德國最著名的城市樂隊音樂家是佩傑爾（Joham Pezel, 1639-1694）和萊謝（Gottfried Reiche, 1667-1734）[11]，他們所作的數百首管樂合奏曲，是巴洛克時期重要的管樂文獻。

筆者認爲，城市音樂家對近代管樂團的影響其重點不在他們的音樂創作，也不在於他們的演奏技巧對巴哈等巴洛時期音樂家的貢獻，而是在於其組織，這種以市政當局主導組織的小音樂團體，歷經數百年，可說是現代歐洲「市民樂隊」的濫觴，這種古老的城市樂隊傳統，不論是在大城或小鎮，都與居民的生活息息相關，就是這種庶民的音樂生活，造就

11 萊謝於 1688 年到萊比錫，起出擔任城市管樂手，後來升任爲高級管樂手，他擅長演奏自然小號，巴哈在萊比錫時期的音樂中許多困難的樂段都由他擔綱。

了歐洲豐富的音樂文化底蘊，日後其他的發展才可能水到渠成。

第四節 德國的雙簧管樂團

由於法國宮廷的雙簧管合奏團聲譽卓著，各國爭相仿效，這種樂團也在十七世紀末傳到德國，它的名字就叫Hautboisten（法文名稱加上德文複數字尾變化）。以往的研究都將它歸類爲純粹的「軍樂」[12]，但其實在宮廷裡也有這種樂隊[13]。從文獻和當時的名稱就可證明，如「室內管樂手」（德 Kammerpfeifer）和「宮廷藝術管樂手」（德 Hofkunstpfeifer）。

雙簧管是如此的受歡迎，所到之處很快的就有「雙簧管合奏團」成立，不論宮廷、軍隊或城市都不難見到。其實德國早在十七世紀上半葉就有蕭姆管合奏團，這種合奏型態可追溯至中世紀的土耳其，後來漸漸被「雙簧管合奏團」取代[14]。後來這種樂隊又加入了法國號，成爲十八世紀的管樂小合奏團和軍樂隊的雛形，在德國的管樂發展上有重要意義。

---

12 雖然後來樂器種類逐漸增加，在德國還是以此稱呼「軍樂隊」，並且沿用了很長一段時間。

13 既然「雙簧管合奏團」仿效自法國宮廷，到了外國自然沒有理由只用於戶外。

14 在歐洲存在多年的蕭姆管合奏團多由四人組成，但因爲雙簧管音量較小，「雙簧管合奏團」遂由兩支高音、兩支中音雙簧管再加兩支低音管組成。

第五節　土耳其軍樂隊

圖 2-4　土耳其禁衛軍樂隊

我們在莫札特的音樂裡常聽到「土耳其風」一詞，他的歌劇《後宮的誘逃》就有濃濃的土耳其味，究竟這股土耳其風是怎樣吹倒歐洲的？

鄂圖曼帝國的勢力從十八世紀初開始逐漸衰退，對歐洲中心已不構成威脅，歐洲人也比較有興趣於土耳其的事物了[15]，其中最吸引他們的就是軍樂隊。因為歐洲國家在十七世紀有了現代陸軍的觀念，音量宏大的土耳其樂隊正好有助於部隊的行進和操演。

波蘭的奧古斯都二世是第一個接受鄂圖曼帝國贈予一個禁衛軍樂隊的歐洲君主；俄國女皇也派遣使者到君士坦丁堡要了一隊；接著奧匈帝國、普魯士、英國一一引進或模仿土耳其軍樂隊。到了十八世紀末，幾乎全歐洲的軍隊都踏著土耳其拍子行進，各國也相繼出版這種樂隊的樂譜[16]。

圖 2-5 十八世紀末之英國樂隊（打擊樂器為土耳其樂師）

15 咖啡是對歐洲人生活、飲食最大的影響。
16 韓國璜：韓國璜音樂論文集（三），臺北，樂韻，1992。

起初多數歐洲國家都用道地的土耳其樂師，後來才改用自己人。十八世紀末開始，由於歐洲樂器的改革和運用，現代軍樂隊逐漸形成，取代了土耳其樂隊，但其打擊樂器如大鼓、銅鈸、三角鐵等一直沿用，至於那支造型特殊的弦月鈴棒也在十九世紀初成爲英國陸軍樂隊的一員，到了世紀中葉英國樂隊不再使用，卻在德國以稍做修改的式樣出現，一直到第一次世界大戰時仍然是德國軍樂隊的前導，甚至現在有些國家（如巴西）的軍樂隊和民間樂隊仍可見到。

第六節　義大利教堂的管樂合奏

談到歐洲的教堂音樂時，我們常常把注意力放在巴哈及其以後的時代，而且認爲文藝復興時期的教堂音樂只有「無伴奏的合唱」，其實不然，早在中世紀歐洲教堂就有管樂演奏者出現[17]。文藝復興時期教堂的器樂演奏最有組織、水準最高的是義大利，十六世紀中葉，義大利的羅馬、佛羅倫斯、威尼斯、維絡納等城市，相繼出現木管號和長號組合的樂隊，標準編制是兩者各四人。當時最具代表性的教堂器樂演奏，首推在威尼斯的聖馬可大教堂，1568 年就聘任了固定的樂師，由木管號演奏者札利諾（Zarlino）擔任樂長，後來由達拉卡撒（Dalla Casa, 1543-1601）領導時，增加到十二位，演奏的樂器主要是木管號和長號。

17 許雙亮：管樂合奏的歷史，台北，文史哲，2009，頁 13。

當時此種樂隊大多演奏一種稱爲短歌（cazona）的器樂曲，到了世紀末開始出現奏鳴曲（sonata）。

到了十六、十七世紀之交威尼斯樂派的代表作曲家噶布里埃利叔姪兩人 — 安德烈（Andrea Gabrieli, 1520-1586）和喬凡尼（Giovanni Gabrieli, 1554-1612），把文藝復興時期的教堂音樂推向高峰，尤以後者成就最大，他以複音音樂的手法作曲，並將樂團（管樂爲主）分爲二至十組，置於聖馬可大教堂上層迴廊四周，產生立體而華麗的音響，充分表現了威尼斯樂派作品的特點 — 使用複音合唱與色彩的探求，在曲中聲樂與器樂完美的結合[18]，其代表作爲神聖交響曲（拉 Sacrae Symphoniae）[19]。不同於前人的作法，他在樂譜上明確標示聲部樂器，其中一首「強與弱奏鳴曲」（義 Sonata piano e forte）是歷史上首次出現強弱記號的樂曲[20]。他的器樂曲中用的樂器主要是木管號、提琴[21]、長號和低音管，木管號是高音、提琴是中音，而長號和低音管則擔任低音[22]。

在教會音樂史上，噶布里埃利應該是第一位爲管樂、弦樂寫作獨立聲部的作曲家，他的寫作風格和手法，也因爲他的學生舒次（Heinrich Schütz, 1585-1672），而影響德國音樂的發展。

---

18 王九丁譯：西洋音樂的風格與流派 — 威尼斯樂派，北京，人民音樂出版社，1999，頁 203。

19 作於 1597 年的器樂曲集，內含十四首短歌和二首奏鳴曲。

20 這首奏鳴曲爲八聲部，分爲兩組，第一組爲一支木管號與三支長號；第二組爲一支提琴與三支長號。

21 是古提琴（Viola da braccio），大小介於小提琴與中提琴之間。

22 K. Marie Stolba, *The Development of Western Music,* Dubuque, IA, 1990, P.281.

第七節　中歐的管樂小合奏團

自十七世紀末的路易十四時期就有的「雙簧管合奏團」，過了數十年後出現新的組合形式，主要的改變在於豎笛的加入，取代雙簧管而成爲主旋律樂器。法國這種配器的改變，可能起因於對專制體制的反抗[23]，因爲原來的雙簧管是和專制的帝制密不可分的，受啓蒙運動的影響[24]，在十八世紀中葉，法國已經多少能聞到大革命的氣味[25]，在樂器喜好上的改變，多少也反映出思變的人心。從日後大革命時期有較多豎笛的法國管樂團來看，在編制和演奏的風格上，都和舊式的貴族雙簧管合奏團不同。

另外，社會經濟情況的改變，造就了從事產業、貿易及擁有土地的富有中產階級，正如伏爾泰所言，財富分配的結果，縮小了社會的階級差距，而這些富有的中產階級也成了藝術的贊助者。當時富可敵國的商人拉普立尼耶（1693-1762）是代表人物[26]，他的府邸曾聘請拉摩（J.Ph.Rameau, 1683-

---

23 David Whitwell, *A Concise History of The Wind Band,* St. Louis, Shattinger, 1985.

24 即法文的 lumuère（光），英文之 enlightment 是直接從「光」派生出來。啓蒙就是光對黑暗的穿透和驅逐，是通過教育和宣傳，破除迷信和神秘主義，發揚科學和理性，把人們從愚昧和黑暗中解放出來。如果說文藝復興開創了人文的時代，啓蒙運動開啓的是理性的時代。此一運動的中心是法國，其領袖是伏爾泰。一文朝利編著：你可能不知道的法國，北京，中國發展出版社，2008。

25 文朝利編著：你可能不知道的法國，北京，中國發展出版社，2008。

26 全名爲 alexandre-jean-joseph le riche de la pouliniere，拉普立尼耶事實上是領地名，他與法國藝文界聞人如伏爾泰、盧梭等人過從甚密。

1764）、史他密次（J.Stamitz,1717-1757）、郭賽克（F.Gossec, 1734-1829）掌理音樂，他的樂團是法國最早使用豎笛和法國號的（1751 年），在此之前幾乎找不到類似的紀錄。拉普立尼耶還有一個管樂小合奏團，其中包含豎笛和法國號，1762 年他死後，郭賽克轉而投效孔德親王，並在 1762 到 1770 年間，創作了多首爲豎笛、法國號和低音管各一對而寫的六重奏。

還有些貴族也起而效法拉普立尼耶，組織包含豎笛的管樂小合奏團，包括前述的孔德親王、奧爾良公爵、維勒洛公爵、洛汗公爵和摩納哥公爵。

到了 1770 年前後，在法國開始以 Harmonie 稱呼這種管樂小合奏團，至此我們可以整理出一個脈絡：路易十四的「雙簧管合奏團」（法 Les Grands Hautbois）於十七世紀末傳到德國與東歐地區，稱爲 Hautboisten，後者再蛻變爲「管樂小合奏團」（Harmonimusik）；法國則在一世紀之後，爲了有別於「雙簧管合奏團」而加入豎笛和法國號成爲「管樂小合奏團」。從海頓和郭賽克同時期（1760 年代）的作品可以看出編制的差異：德式爲雙簧管、法國號和低音管各一對；法式則爲豎笛、法國號和低音管各一對。因此，在 1785-1800 年間，法國出版的這類樂譜都是不含雙簧管聲部的，法國大革命期間，有許多爲此編制的「革命」音樂出版（幾乎全是改編曲），稱爲「當代精選」（法 Collection d'Ėpoques），其中最有名的編曲者是來自德國的豎笛演奏家伏胥（Georg F. Fuchs, 1752-1821），樂譜由因波特和希伯出版。

並沒有任何證據顯示，這些音樂是軍樂隊而寫的，而另一家名爲納德曼的出版社，則出版了同樣由伏胥編曲、明顯的是爲軍樂隊編寫的音樂，編制是豎笛四、低音管二、法國號二以及小號一。這種編制是大革命時期軍樂隊習用多把豎笛和法式管樂小合奏團的混合體，這種以豎笛爲主力的樂團就是現代管樂團的雛形，時至今日，還有些國家稱呼管樂團爲 Harmonie。

從地理上來看，管樂小合奏團最活躍於中歐地區的奧地利、匈牙利和捷克，由三國的首都維也納、布達佩斯和布拉格構成的三角地帶。許多早期的研究或音樂辭典[27]，把管樂小合奏團定義爲軍樂隊，其實不然，起初它是應貴族生活的需求而生的，活動的範圍主要在皇宮與貴族宅邸，其實是極具功能性的，大部分是爲皇室或貴族的晚宴演奏，提供所謂的「桌邊音樂」[28]，或是在慶典儀式中担任演奏，也常作音樂會形式的演出，在許多年後才走入軍隊行伍之中。

以前一般的看法認爲，管樂小合奏團的演出僅止於「功能性」需求，認爲當時只有弦樂器才有「藝術性」，但是隨著二十世紀下半有更多中歐諸國宮廷的史料面世，證明古典時期的管樂小合奏團「功能性」與「藝術性」兼備[29]。

管樂小合奏曲的編制小自二重奏，大到十餘件樂器的合奏都有，偶有低音提琴和打擊樂器支撐，最常見的是八重奏 — 雙簧管、單簧管、法國號和低音管各一對，或其中三對

---

27 如黎曼音樂辭典（Riemann-Musik-Lexikon of 1967），亦見下節。

28 十七、十八世紀時，宮廷與貴族的一種社交音樂，在宴會時由音樂家在現場演奏或演唱。

29 David Whitwell, *A Concise History of The Wind Band*, St. Louis, Shattinger, 1985.

組成六重奏，有些作品也曾用到英國管、巴塞管[30]、倍低音管等。

十八世紀中葉，波西米亞與摩拉維亞開始有管樂小合奏團[31]，並且成爲此一地區主要的音樂演出形式。

還有一位作曲家也是不可忽視的，那就是海頓（Joseph. Haydn, 1732-1809），他曾於 1760 年受聘擔任莫爾金伯爵的樂長，雖然留居時間不長，但是至少爲伯爵的管樂小合奏團（雙簧管、法國號和低音管各二）寫過八首嬉遊曲[32]。

1761 年，海頓受聘擔任匈牙利艾斯特拉齊侯爵宮廷的副樂長（1766 年升任樂長），有證據顯示，就是他把管樂小合奏團的概念引進匈牙利。在 1761-1766 年間，海頓爲管樂小合奏團寫作了大量的音樂（以六重奏爲主）[33]。

管樂小合奏團的發展在十八世紀最後二十年的奧地利達到了高峰，其原因有二，一是皇室與貴族的熱衷，二要歸功於大作曲家莫札特。在他眾多的作品中也有不少爲管樂小合奏團創作的音樂，其中最早的創作是 1773 年的 K186 和 K188，正是他第三次遊義大利歸來[34]，這兩首樂曲編制完全相同，曲式一樣都是由五個樂章構成。

1775 到 1777 年年間，他在薩爾茲堡爲雙簧管、低音管和法國號各一對的編制，寫了六首嬉遊曲，分別是 K213、

30 是十八世紀中葉發明的中音豎笛族的木管樂器，爲莫札特所愛用。
31 摩拉維亞（Moravia），爲捷克東部一地區，得名於起源該區的摩拉瓦河。
32 David Whitwell, *A Concise History of The Wind Band*, St. Louis, Shattinger, 1985.
33 音樂之友社編著：標準音樂辭典，林勝宜譯，臺北美樂出版社，1999。
34 參見註 16。

K240、K252、K253、K270 和 K289[35]，據推斷應是爲大主教宮廷用餐時演奏的「桌邊音樂」[36]，這六首在調性上以 F、降 B 和降 E 重複兩次，每一首的樂章數不統一，但是都以舞曲的節奏爲主軸，在作曲手法上也較早期作品成熟，六個聲部的處理趨向獨立，少有重複的聲部。學者阿伯特稱之爲「充滿生命活力，以單純樂念洋溢新鮮魅力的作品」。

莫札特的管樂小合奏團最傑出的作品，是在維也納時期寫的三首小夜曲：第十號（降 B 調 K.361）、第十一號（降 E 調 K375）和第十二號（c 小調 K388）[37]。這幾首作品在編制上已經進步爲八重奏[38]，K.361 甚至再加上一對法國號、一對巴塞管和低音提琴成爲十三重奏，是莫札特的管樂作品中編制最大的[39]。在配器方面對後世產生很大的影響，尤其是提升了豎笛的地位，從和聲樂器轉變爲獨奏樂器，低音管也有較獨立的空間。無論就形式或內容而言，都是登峰造極之作，爲管樂發展史寫下最美麗的一頁。

管樂小合奏團的約在 1760 年代興起，在十八世紀的最後二十年達到高峰，由於王室的沒落與貴族的式微，它也隨著古典時期的結束而走入歷史。和小號合奏團、雙簧管合奏團那種「同種樂器合奏」（Consort）比起來，管樂小合奏團是由銅管與木管組合的「異種樂器合奏」（Broken consort），

---

35 此曲被懷疑可能並非出自莫札特之手。
36 Erik Smith, *Mozart Serenades, divertimenti and Dances*, London, BBC, 1982. p.17.
37 這些編號的小夜曲管樂、弦樂都有，最有名的是第十三號弦樂小樂曲 Eine Kleine Nachtmusik.
38 K388 原爲六重奏，發表的次年莫札特又加上兩支雙簧管。
39 許雙亮：「天賜的樂章 ── 莫札特管樂小夜曲」，音樂時代第 20 期，民 86 年 7 月，頁 111。

在音色上更富有變化，成爲軍樂隊的基礎。

綜合以上幾條脈絡，可看出近代管樂團在宗教與世俗、貴族與平民、室內與戶外、功能性與藝術性各方面的源流，也就是因爲這些源流的匯集，促成了近代管樂團的誕生。

圖 2-6 管樂小合奏團

第三章　法國大革命時期的管樂團

第一節　國民軍軍樂隊

「法國大革命」可以說是歐洲政治史上最重要的一頁，在世界的歷史上也留下深遠的影響。在音樂史上有關法國大革命的論述頗多，1789 年由於財政問題，路易十六與國民議會決裂，七月九日國民議會宣佈改稱制憲議會，要求制定憲法，限制王權。路易十六意識到這危及了自己的統治，調集軍隊企圖解散議會。七月十二日，巴黎市民舉行聲勢浩大的示威遊行支持制憲議會。次日，巴黎教堂響起鐘聲，市民與來自德國和瑞士的國王雇傭軍展開戰鬥，在當天夜裏就控制了巴黎的大部分地區。七月十四日群眾攻陷了象徵封建統治的巴士底監獄（Bastille），釋放七名犯人（大多是政治犯），取得初步勝利，是爲「法國大革命」，這一天後來成爲了法國國慶日。資產階級代表在革命中奪取巴黎市府政權，建立了國民軍（法 Garde Nationale）。

此時巴黎的青年音樂家沙列特（Bernard Sarrete, 1765-1858）召集當地的四十五名原本任職軍樂隊及皇室、貴族樂團的音樂家，組成國民軍軍樂隊（法 Musique de la Garde

Nationale），由作曲家郭賽克擔任隊長。後來獲得了官方承認，成爲慶祝革命節日的活動不可缺少的樂隊，也被後世認爲近代管樂團的始祖。

由於革命當局堅信，沙列特所創建的樂隊，在公共節日具有振奮人心的作用，因此 1790 年由巴黎市政府接手經營，並擴編爲七十人，是首支大規模的軍樂隊，當時巴黎當局應該是希望有一個轄下的樂團，可以在一些慶典、集會中演奏，如同學者使瓦茲所言：「現在音樂已是爲祖國服務、崇拜自由與榮耀的全民運動、社會機能與道德力量」[1]。不管在什麼場合，作曲家與演奏家都以藝術性爲最高指導原則。

1790 年，新的共和國政府，要把七月十四日當作偉大的節日來慶祝，慶祝活動在巴黎練兵場舉行，爲當日盛大的慶典譜寫音樂的人就是郭賽克，當天動員了超過 1200 位管樂手。這種大型的戶外音樂演奏，正方興未艾，1791 年，郭賽克又爲了四月的米拉伯葬禮，寫作一首《葬禮進行曲》，六月他又爲伏爾泰奉祀偉人祠的儀式寫作一些樂曲，這些樂曲已不再是宗教儀式的音樂。以這兩個節日爲起點，開始了許多著名作曲家經常爲人民的節日譜寫樂曲的時期。當時重要的管樂作曲家還有卡特爾（Catel）、凱魯碧尼（Cherubini）、梅裕（Méhul）和雷序（Lesueur）等人，都曾爲不同的節日寫作樂曲，除了交響曲、進行曲、序曲等管樂曲以外，也有很多聲樂曲（獨唱、合唱），大多數的聲樂曲都由管樂團伴奏。

---

1 Boris Schwarz, "*French Instrumental Music Between the revolutions*（1789-1830）",（unpublished dissertation, Columbia University, 1950）, p. 5.

這種類型的聲樂和器樂曲總共有 170 餘首保留下來，不只具有時代精神，其藝術性也經得起時間的考驗。法國的音樂學家吉拉東（Renée Giradon）在郭賽克爲大型管樂團所作的交響曲中「發現了法國交響曲和進行曲的起源，它對白遼士產生至爲巨大的影響」[2]。另外，德國音樂學者施密次（Arnold Schmitz）也認爲「貝多芬從郭賽克、卡特爾、凱魯碧尼、梅裕等人的作品，以及法國革命軍隊的小號信號曲和鼓聲中，得到了明顯的啓示」[3]。

沙列特對的另一個貢獻是，1794 年他向政府當局建議，成立「國民出版社」，出版「適用於人民節日的音樂雜誌」，按時發表愛國慶祝活動用的樂曲，他的請求獲得了以郭賽克爲首的五十一位音樂家連署支持，是年四月出版，每月一期，每期內容包括：一部交響曲、一首頌歌或愛國合唱曲、一首管樂進行曲、一首愛國歌曲。這個雜誌出版到 1795 年 3 月止，這是目前所知的音樂史上第一個國家音樂出版社，這本雜誌也是第一本「期刊樂譜」[4]。

國民軍軍樂隊後來改組爲「國立巴黎義務音樂學校」，進行管樂人才的培育，1795 年和聲樂學校合併，就成爲著名的巴黎音樂院（法 Conservatoire de Musique de Paris）[5]，由沙列特擔任院長。從此，沙列特就在學校裡致力於培養音樂家，他當時所做的，可說爲日後法國兩百年間輝煌的管樂發

---

2 克內普勒：19 世紀音樂史，王昭仁譯，北京人民音樂出版社，2002。
3 同上註。
4 同上註。
5 Philippe Lescat, *l'Enseignement Musical en France*, Paris, Fuzeau, 2001, p.116.

展，打下堅實的基礎。

總而言之，法國大革命時期（1789-1800）非但沒有遏阻軍樂隊的發展，反而因爲時勢的需求而更爲蓬勃，雖然法國的帝制與舊的社會結構在一夕之間解體，但是法國人民不希望革命打亂他們的文化生活，巴黎的音樂活動並未稍歇[6]，這在其他時代或其他國家都是很少見的，也許這就是法國能成爲文化大國的原因吧。因此，歸納起來，當時法國之所以成爲世界軍樂隊發展軸心的原因有三：

一、時勢的需求：大革命時期有很多革命領袖們策劃的露天群眾集會，這種場面需要龐大的樂隊與合唱團以壯聲勢。

二、作曲家雲集：當時巴黎有許多一流的作曲家（前述之卡特爾等人）爲軍樂隊作曲。

三、演奏家優秀：由於大革命摧毀了皇室與貴族階級，連帶的使許多原來在宮廷、貴族府邸和歌劇院、音樂廳工作的優秀演奏家失業，軍樂隊成了他們最佳去處，也因此，法國的軍樂隊有當時世界上素質最高的演奏家。

6 1789-1794 年大革命期間，出現在巴黎的配樂戲劇共有 165 部。

譜例 3-1 凱魯碧尼為管樂團寫的《葬禮進行曲》

譜例 3-2 梅裕的管樂團作品

譜例 3-3 著名的革命進行曲《出征之歌》

第二節　對管樂團發展之影響

在大革命時期樂隊編制擴充和改進較爲顯著的主要在兩方面：

一、樂隊編制擴大：這是影響管樂團發展的首要改變，爲了因應大革命時期頻繁的戶外演奏，聽眾動輒成千上萬，需要較大的音量，鑑於這種功能性的需求，樂隊從十二人上下，在短時間內增加到四十五人，遇到大節日時，往往有上千人參加演出[7]，從此所有的樂隊都試圖朝「大」發展，後來歐洲其他國家的樂隊，也跟著逐漸擴大編制。

二、增添新樂器：十八世紀末，歐洲國家的軍樂隊，受管樂小合奏團的影響，核心樂器是雙簧管，法國軍樂隊的核心在當時轉爲豎笛，保留低音管和法國號，沙列特爲樂隊補充樂器，這使軍樂隊在音域、音色和音量上發生根本的變化：長號和蛇形大號擴展了低音域；長笛、雙簧管和短笛擴展了高音域；這些樂器和小號相結合，使樂隊的音響加強；最後再加入大鼓、三角鐵和鈸（當時對法國來說還是新樂器），作爲頗具特色的輔助樂器。

經歷了風起雲湧的大革命，法國的軍樂隊在變革之後，編制已相當完整，由下表可看出，在十九世紀的新樂器問世之前，拿破崙時代的軍樂隊編制，隨著他四處征戰，當然也

---

7 克內普勒著：19 世紀音樂史，王昭仁譯，北京人民音樂出版社，2002，頁 88。

對歐洲其他國家造成影響[8]，紛紛擴大編制，樂器也日趨完整，十九世紀管樂團的重大發展，在此露出了曙光。

拿破崙時代的步兵樂隊編制[9]：

1	Flute	1	Bass Trumpet
1	Clarinet, F	4	Horns
16	Clarinet, C	3	Trombones
4	Bassoons	1	Bass Drum
2	Serpents	1	Tenor Drum
2	Trumpets	2	"Jingling Johnnies"[10]
			合計 38 人

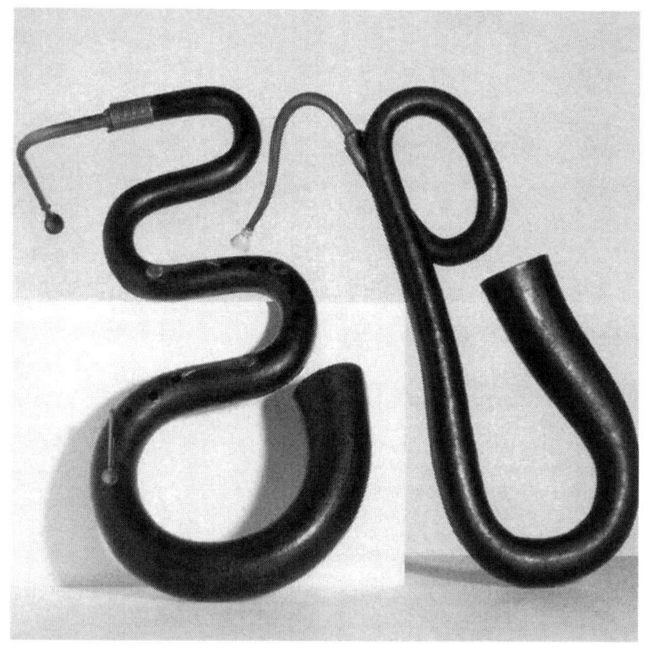

圖 3-2 蛇形大號（右為行進用）

8 Jacob A. Kappey, *Military Music-A History of Wind-instrumental bands,* London: Boosey and company, 1894, p. 88.

9 Lawrence Intravaia , *The French Wind Band and the Revolution*, Journal of Band Research. Spring, 1966. p.28.

10 "Jingling Johnnies" 弦樂鈴棒，是源自土耳其的樂器，其頂端有新月形裝飾，左右兩邊飾以鈴鐺可發出聲音，其做爲儀仗功能更甚於樂器。

圖 3-3 弦月鈴棒

第四章　十九世紀歐洲管樂團的發展

十九世紀是管樂發展史上最重要的時期，在這一百年中，管樂器的發明及改良、管樂團編制的擴大、演奏能力的進步以及管樂團地位之提高，都是前所未見的。另外，隨著歐洲諸國殖民主義的擴張，也把軍樂隊或較小規模的管樂合奏帶到殖民地，促成了殖民地的管樂發展。

在十九世紀的樂器改良尚未發生、新樂器尚未問世之前，歐洲各國軍樂隊的變革主要在增加豎笛的數量，以及受土耳其的影響，加入較多的打擊樂器。

第一節　樂器的改良與發明

由於管樂器的許多限制（音色、音域、指法），為了音樂表現的需要，作曲家（如白遼士），演奏家或製造家（如貝姆、薩克斯）投入很多的精力在樂器的改良上。

木管樂器的改良主要是在按鍵的增加或重組，銅管樂器則在於活塞的發明與製造的精密化，並依音響學的原理在形狀及比例上重作調整，使樂器的性能加強，音域與調性（半音之增加）得以擴大。

慕尼黑的著名演奏家與製造家貝姆（Theobald Böhm, 1794-1881）發明的按鍵系統，不但使長笛完成了完美的形式，並且帶動了其他木管樂器的改良。

由中世紀的木管號演進而成的蛇形大號（法 Serpent），低音管號（Basshorn 下圖左）與「歐菲克萊德」（法 Ophicleide 下圖右），也成爲十九世紀常見的過渡性樂器。

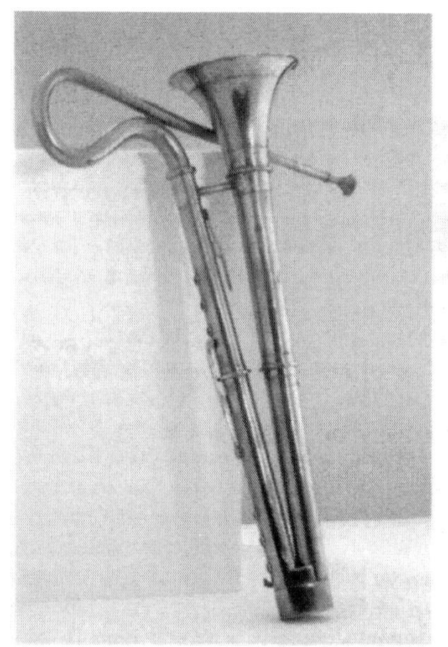

4-1 低音管號與歐菲克萊德

隨後，其他的演奏家或製造家都依照他的形式發展出自己的系統，其中最有名的是薩克斯（Sax）兄弟在巴黎與布魯塞爾製造的樂器。豎笛演奏家克羅塞（Klosé）在 1843 年左右，與巴黎的製造家比菲（Buffet）共同以貝姆的系統更進一步地改良了豎笛的按鍵系統。

雖然自然（法國）號與自然小號在音質上有其優越之

處，由於配器上越來越強烈的需要，使半音樂器之製造勢在必行。爲了讓法國號與小號可以吹奏出自然泛音之外的音，十九世紀之前已經有了各種的努力與嘗試，其中一位愛爾蘭人克拉傑（Charles Clagget, 1820 年左右去逝）所作的嘗試，可能是對後來的影響最大的：以某種的機械裝置使管長可以隨時延長或縮短。德國的布律梅（Blümel）想到用活塞的裝置來控制樂器的管長。布雷斯勞（Breslau）與柏林的法國號演奏家兼製造家史多則（Heinrich Stölzel, 1780-1844）把布律梅的設計應用到法國號，並且加用成對的活塞，使每一個自然泛音分別降低半音與全音。1830 年美因茲（Mainz）地方的密勒（C.A.Müller）把活塞增爲三支，便可以吹奏出完整半音階，至此活塞系統的法國號與小號終於完成。

大概在 1835 年左右，活塞法國號慢慢在總譜中出現，而冠以 valve、pistons 或 ventile 等字樣，以有別於自然號，但是它們還是與自然號並用，到了十九世紀最後的二、三十年間，新式的法國號才完全取代了舊式的樂器。開始使用活塞樂器時，法國號還是以調節管來選擇基調，以各種不同調的樂器來演奏。後來演奏家乾脆就集中使用一種長短適中的 F 調樂器，必要時才加以移調，作曲家也在十九世紀末採用這 F 調的樂器寫曲。這樣法國號的性能已與其他木管樂器沒有什麼區別了，可以自由地採用爲旋律或和聲的用途。

小號與法國號的情況差不多，早期用到活塞小號的作曲家有貝利尼、梅耶貝爾、唐尼采第與哈勒維（Halévy）等人，而使其地位得以確定的有華格納、威爾第、柴可夫斯基等。但是小號並未像法國號般很快地集中成一種調的樂器，十九世紀末還經常使用的有 F 調與降 B 或 A 調樂器，而後 F 調樂器漸被淘汰，增加一種音域更高的 C 調樂器。英國的情況較爲特殊，因爲從十八世紀末到十九世紀間在英國普遍使用一種滑管小號（slide-trumpet），所以活塞系統的樂器到了十九世紀末才爲英國音樂家所接受。

銅管樂器活塞的發明，可說是管樂器史上最大的進步，也對管樂團及管絃樂團產生結構性的影響，又經過德國的管樂團指揮魏普列赫（Wilhelm Wieprecht）的改良，廣泛的用在各種銅管樂器上，並且發明了低音號，從此管樂團和管絃樂團有了厚重的最低音銅管。短號（Cornet）也跟著在法國問世[1]。

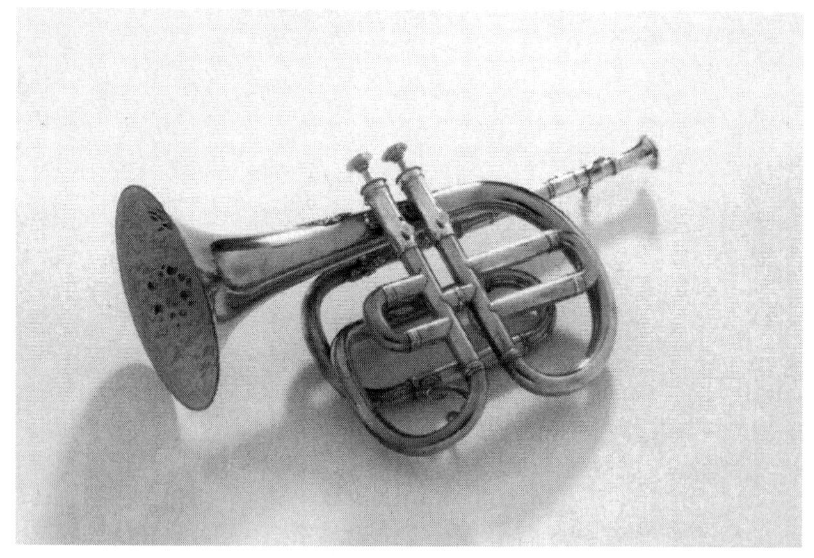

圖 4-2 1830 年的短號

1 十九世紀初由一位法國製造家阿拉利（Halary）把活塞的原理運用在圓錐形短管而成的。

長號是最沒有改變的樂器，在配器上都是用三支長號，在德語系國家是以中音（Alto）、次中音（Tenor）與低音（Bass）所組成。在拉丁語系國家則只用次中音長號。經過多次的變化之後，定型爲兩支次中音長號（降 B 調樂器）與一支低音長號（F 或 G 調樂器）的組合，原來的降 E 調的中音與降 E 調的低音樂器從此就被淘汰了。也有活塞長號的製造，但是除了義大利與捷克之外，大都只用在軍樂隊，很少用在交響樂團。

比利時人阿道夫．薩克斯（Adolphe Sax,1814-1894）是十九世紀樂器史上的重要人物[2]。在 1835 得到低音豎笛的專利之後，他在 1841 年的比利時工業大展中推出一種新樂器 — 薩克斯風[3]。在 1845 年左右又完成一系列改良自步號（Bugle）的薩克斯號（Saxhorns）[4]，到 1860 年代共推出高音、中音、次中音、上低音四種薩克斯風，這兩組樂器的問世，使得木管的中、低音及銅管的各增加了十餘個新成員，對管樂團的編制的擴充和發展，有歷史性的重大意義。

1843 年德國樂器製造商做出第一把上低音號，起先稱爲 Euphoni*on*，傳到英國以後英國人習稱 Euphoni*um*。但是皇家軍樂學校教授與演奏家費西（Alfred James Phasey）吹奏的是

2 薩克斯家族自 1815 年至 1928 的百餘年間，一直是歐洲重要的管樂器製造商（偶有幾件打擊樂器），先後立足於布魯塞爾與巴黎，共歷經三代、七個家族成員，以阿道夫的成就最高。

3 Malou Haine, Ignace de Keyser, *Historique de la Firme, La Facture Istrumentale Européenne,* Paris, Musée du CNSM de Paris, 1985, p. 211.

4 最初於 1843 年問世，但並未稱「薩克斯號」，而以 Bugle 加上 Soprano, Alto 等表示音域的方式稱呼。全家族共有七種：小高音號、高音號、中音號、上低音號、粗管上低音號、中低音號及大低音號，但以上低音號以下的樂器較爲成功。

圖 4-1 阿道夫·薩克斯

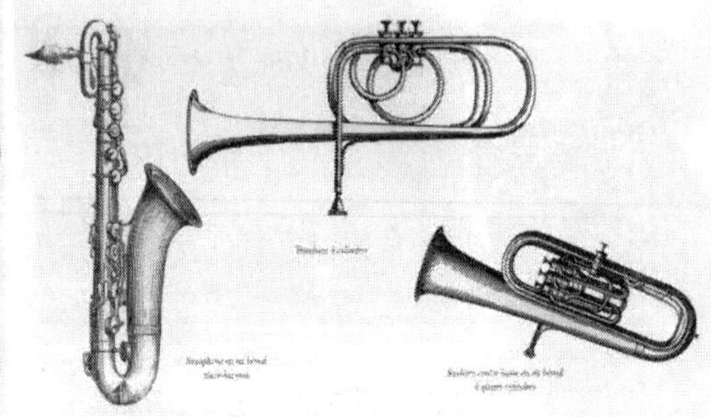

圖 4-2 薩克斯風與薩克斯號

薩克斯的上低音樂器，在他建議下加大管徑，並作一些小修改，成為現代的上低音號，原本的調性為 C，幾年後改為 Bb。

回顧樂器的歷史，沒有任何一個時期（包括科技、工藝發達的現代），向 1820-1870 這五十年間，製造、改良出那麼多管樂器，其中雖然有不少已經不再使用，但是大部分仍是今日管樂團的主力，而且其基本形制在將近兩百年後的今天未嘗改變。也就是因為這些五花八門，甚至有些帶有實驗色彩的樂器，才讓十九世紀各國的管樂團的發展如此多采多姿。

第二節　歐洲國家的管樂團

如前所言，十九世紀是管樂隊（團）發展的最關鍵時代，在本節筆者將以法國、德國、英國和美國這四個較具有影響的國家並分述其樂隊發展。

一、法　國

拿破崙執政時，對軍樂隊的政策是以實用爲導向，他比較著重於和軍隊息息相關的「鼓號隊」（利於隨軍隊征戰各地），爲了樽節政府開支，只有在前述的大節日時，他才允許動用大型樂隊演奏，而這些增加員額的經費往往由樂隊領導人自行負擔。

另外爲了培育鼓號隊的演奏者，他在 1805 年設立「凡爾賽小號學校」，聘請德國籍的作曲家布爾（David Buhl）主其事，在 1805-1811 年間，該校訓練出六百名小號手。

十九世紀初正是拿破崙叱吒風雲之際，在國內情勢得到控制後，首都巴黎的衛隊也歷經幾個階段的改組，1802 年稱「巴黎市衛隊」（法 Garde municipale de Paris），後改稱「民兵衛隊」（法 Garde civique）。此衛隊所屬的八人鼓號隊，由指揮、號手五人及鼓手三人組成。

1835 年，法國成立軍樂學校（法 Gymnase de musique militaire），除了培育軍樂演奏人才之外，其宗旨也在於維護以法式「管樂小合奏團」爲核心的傳統。

十九世紀的法國政治局勢數變[5]，1848 年法國發生另一次革命，推翻波旁王朝（Bourbon），造成嚴重的社會治安問題，因此巴黎當局成立了「巴黎共和衛隊」（法 Garde Republicaine Parisienne），隊長雷蒙上校請小號演奏家帕呂

5 拿破崙在 1804 年稱帝，拿破崙倒台後，君主立憲制在三分之一個世紀間得以恢復，復辟王朝由路易十六的兩個弟弟路易十八和查理十世相繼統治。（法）馬蒂耶：法國史，鄭德弟譯，上海，上海譯文出版社，2002，144。

圖 4-3 巴黎市衛隊之鼓號隊長與鼓號手

（Paulus）組成一支鼓號隊，編制爲三十六人[6]。1855 年擴編爲五十六人的樂隊，名爲「巴黎衛隊管樂團」（法 Musique de la Garde de Paris）由帕呂擔任首任團長，就是「共和衛隊管樂團」的前身，此一軍樂團體又細分爲鼓隊、騎兵號隊與管

6 Jean Loup Mayol, *150 ans de la garde republicaine,* Paris, Cannétable, 1998, p. 20.

樂團。

1871 年「巴黎衛隊」改組爲「共和衛隊」(la Garde Republicaine 功能類似我國的憲兵)，樂團亦隨之改爲現在的名稱。

到了十九世紀中葉，法國的軍樂隊又經歷了一次改革，才有了現代樂團的面貌。而樂器編制的變革，不能不提到 1842 年移居巴黎的薩克斯，他獲得法國戰爭部的賞識，著手改善法國軍樂隊的樂器與其編制，但隨即與由卡拉發（Carafa）領導的軍樂學校派發生衝突，因此官方成立了一個委員會，目的是訂出最適合法國軍樂隊的員額、樂器和比例。最後該委員會決定，以戶外現場演奏的方式，比試兩者的優劣，1845 年四月二十二日在巴黎練兵場舉行，樂隊人數限制在四十五人以內，演奏之指定曲爲委員阿當的作品《行板》及一首自選曲[7]。

當天雙方出場的陣容如下：

卡拉發（軍樂學校樂隊）	薩克斯（巴黎衛隊第五軍團樂隊）
1 短笛 1 Eb 調豎笛 16 Bb 調豎笛（2, 7, 7） 4 雙簧管 4 低音管 2 自然號 2 轉閥（法國）號 2 轉閥長號 2 短號 3 小號 4 歐菲克萊德 4 打擊	1 短笛 1 Eb 調豎笛 6 Bb 調豎笛 1 低音豎笛 2 短號 2 Eb 調高音薩克斯號 4 Bb 調高音薩克斯號 4 Eb 調中音薩克斯號 4 Bb 調低音薩克斯號 2 Eb 調倍低音薩克斯號 2 長號 2 歐菲克萊德 4 打擊
合計 45 人	合計 38 人

7 Joseph Adam, 芭蕾舞劇《吉賽兒》的作者。

這場比賽後，無論是評審的評論或觀眾的反應，薩克斯都得到壓倒性的勝利。正如預期，委員會選擇了薩克斯規劃的樂器和編制，但是卻因爲政治的因素，遲遲未獲軍樂隊採用，直到九年後的 1854 年，官方才正式頒佈標準編制，而薩克斯風也自此正式出現在法國的軍樂隊裡。

1854 年法國軍樂隊標準編制：

步兵樂隊	騎兵樂隊（銅管）
2 長笛或短笛 4 Eb 調豎笛 8 Bb 調豎笛 2 高音薩克斯風 2 中音薩克斯風 2 次中音薩克斯風 2 上低音薩克斯風 2 短號 4 小號 2 長號 2 Eb 調高音薩克斯號 2 Bb 調高音薩克斯號 2 中音薩克斯小號 2 Bb 調上低音薩克斯號 4 Bb 調低音薩克斯號 2 Eb 調倍低音薩克斯號 2 Bb 調倍低音薩克斯號 5 打擊	1 Bb 調高音小薩克斯號 2 Eb 調高音薩克斯號 4 Bb 調高音薩克斯號 2 Ab 中音薩克斯號 2 Eb 調中音薩克斯小號 2 Bb 調中音薩克斯小號 4 Bb 調低音薩克斯號 2 Eb 調倍低音薩克斯號 2 Bb 調倍低音薩克斯號 2 短號 6 小號 6 長號（中音、次中音、低音各二）
合計 51 人	合計 35 人

此一編制與樂器的配置，可說是現代軍樂隊、管樂團的濫觴，並在十九世紀下半葉影響歐陸諸國，其中步兵樂隊的編制，甚至與今日的樂隊也相差無幾。

圖 4-4 十九世紀中葉之法國步兵樂隊

二、德 國[8]

十八世紀普魯士軍樂隊的編制和「管樂小合奏團」很接近，由各一對的雙簧管、豎笛、低音管和一支小號組成，可以想見，到了十九世紀的發展是以這個編制爲基礎予以擴大的。首先該國樂隊仿效法國的作法，增加豎笛的人數，使總人數達到十二人。

1820 年，史奈德（Schneider, 1770-1839）被任命爲陸軍軍樂監督，和他的後繼者相較，他稱不上是創新者，但是本身是優秀音樂家的他，卻爲普魯士軍樂隊立下了很高的藝術標準，他們的表現，在十九世紀還少有交響樂團能超越[9]。

經過繼任的幾位軍樂監督內薩得（Neithardt）、魏勒（Weller）和辛克（Schick）的擴充，1830 年普魯士軍樂隊的編制爲：

短笛	蛇形大號
長笛	4 活塞法國號
豎笛（F、Eb、C、Bb、A 調）	4 活塞小號
巴塞管	活塞中音號
雙簧管	次中音與低音長號
低音管	大鼓、小鼓
倍低音管	三角鐵、鈸
英國管（低音）	

8 十九世紀的德國尚未統一，在此將日後納入統一德國的地區皆通稱爲德國。

9 David Whitwell, *A Concise History of The Wind Band,* St. Louis, Shattinger, 1985.

普魯士軍樂隊真正的壯大、達到高峰是在魏普列赫（Wilhelm Wieprecht, 1802-1872）手裡完成的，他對管樂器及軍樂隊編制的改良都有很大的貢獻。魏普列赫出生在音樂世家，他的祖父、父親及四位叔伯都是音樂家，少時就受父親嚴格的訓練，父親教導他演奏小提琴及幾乎每一種管樂器，十八歲就在萊比錫樂團演奏小提琴和豎笛，並常以長號獨奏演出。1824 年他到柏林，在宮廷樂團演奏長號，這是他一生的轉捩點，有一天他聽到普魯士軍樂隊演奏莫札特的《費加洛婚禮序曲》，深受感動而決定投身軍樂界。

他先加入騎兵小號隊，受到隊長巴納（von Barner）的賞識請他作曲，獲得很高的評價，但是由於編制限縮了音樂表現的空間[10]，在他的提議下樂隊增購了下列樂器：

1 Bb 高音活塞小號

4 Eb 活塞小號

2 按鍵小號

1 Eb 中音活塞小號

2 Bb 次中音號

4 Bb 按鍵次中音/低音號

2 低音長號

這些都是當時剛問世的樂器，也是普魯士軍樂隊前所未見的，自此他有了完整的銅管樂器，可以隨心所欲的轉調。此舉立刻引來其他樂隊跟進，造成普魯士軍樂隊的大變革。魏普列赫曾在 1838 年在柏林集合所有這種新編制的樂隊－

10 只有 C 調、F 調、G 調自然小號和長號。

十六個步兵樂隊加上十六個騎兵樂隊，共 1197 人舉行聯合演奏，歡迎到訪的俄國沙皇尼古拉，不讓法國大革命時期之大月團專美於前。

有鑑於當時普魯士軍樂隊的編制十分紊亂，他一心想予以標準化，1845 年六月二十八日，他在柏林的報紙上發表他的計畫，他把樂隊分爲三個音區組、二十一聲部，並視需要重複某些聲部（該部不只一人），他稱之爲「金字塔音響效果」，且要求高音區要小聲吹奏，中音區稍大聲，低音區要最大聲，下表爲他的設計：

	樂器	步兵（靜態）	步兵（行進）
高音區	短笛、長笛	2	1
	Ab 調或 G 調豎笛	2	2
	Eb 調或 D 調豎笛	2	2
	Bb 調或 A 調豎笛	8	6
	Eb 調或 D 調雙簧管	2	2
	低音管	2	2
	巴提風[11]	2	2
中音區	Bb 調或 A 調短號	2	1
	Eb 調或 D 調短號	2	1
	Bb 調或 A 調次中音號	2	1
	Bb 調或 A 調按鍵上低音號[12]	1	1
	Eb 調或 F 調按鍵低音號	2	1
低音區	Eb 調或 D 調小號	4	4
	Bb 調或 A 調長號	2	2
	Eb 調或 F 調低音長號	2	2
	Eb 調或 F 調低音號	2	2
	三角鐵	1	1
	鈸	1	1
	小鼓	2	1

11 Bathyphone —— 魏普列赫由薩克斯設計的低音豎笛得來靈感，於 1839 年爲軍樂隊設計的倍低音豎笛。

12 按鍵低音號、按鍵上低音號都是 Bass horn 屬，是在管身挖孔裝按鍵的樂器，管身呈 V 字形。

	大鼓	1	1
	弦月鈴棒	1	1
	指揮	1	1

德國也在 1874 年於柏林高等音樂學校（德 Berliner Hochschule für musik）設立軍樂科，由魏普列特的繼任者佛依特（Voigt）擔任總教官。1887 年起，德國建立「軍樂監」制度，負責統整德國的軍樂隊與軍樂人才培育，直到第二次世界大戰結束。

1911 年，德國陸軍共有 562 支軍樂隊，總人數達 15700 人。第一次世界大戰後戰敗的德國，軍樂隊縮小爲每隊二十五人，納粹當政時期軍樂隊又擴編，如柏林防衛隊樂隊有四十七名，算是當時德國最大的軍樂隊。1935 年成立空軍樂隊，由胡薩德（Husadel）任軍樂監，同年設立陸軍軍樂學校，1938 年設立空軍軍樂學校。

三、英　國

相較於歐洲大陸，英國軍樂隊的發展有著極不相同的軌跡，在 1820-1845 年間，德國、法國和奧地利的軍樂隊都經歷了大規模的改革，而英國卻自外於此，其原因有二，一是沒有像魏普列赫或薩克斯那樣強而有力的改革者，二是缺乏中央集權式的政策。其根本原因是英國的兵役制度和歐陸諸國不同，英國的軍隊的組成份子中，有很大的部分是志願的民兵，自 1815 年英法的「滑鐵盧之役」之後[13]，民兵紛紛「解甲歸田」，沒有了戰爭，軍樂隊也沒有舞台，部隊裡殘存的樂隊往往靠軍官以自費維持，樂隊的領導人又往往由樂器商推

13 拿破崙想要東山再起，但還是失敗，成爲他最後一役。

薦，所以隨著人事的更迭，樂器也常常更換，因此水準良莠不齊。這一點和法、德兩國完全以國家之力主導、養護軍樂隊的情況完全不同[14]。

另一個影響英國軍樂隊發展的因素，是約在 1850 年出現的「期刊樂譜」，雖然它的影響是間接的，但是樂隊卻因爲要演奏其樂譜而修正其編制，所以最受歡迎的期刊樂譜就會主導樂隊編制的發展。最早出版這種期刊樂譜的是德國的樂隊指揮布塞（Carl Boosé），很自然地，他用的是普魯士式的編制。

1854 年，克里米亞戰爭爆發[15]，英國軍樂隊隨軍遠赴前線，戰事結束後在爲維多利亞女王祝壽的閱兵式中，由於各個樂隊演奏的國歌編曲不一，甚至連調子都不同，令女王十分不悅。有鑑於此，在 1856 年巴黎停戰協定之後，爲了整合軍樂人才教育，提升陸軍軍樂隊素質，英國的劍橋公爵於

圖 4-5 1825 年的英國海軍樂隊

14 Roy Newsome, *Brass Roots,* Aldershot: Ashgate Publishing Ltd. 1997. p.2.

15 西元 1853-56 年，法國爲了阻止俄國對土耳其的侵略，聯合英國和土耳其對俄國發動戰爭，並擊敗俄國。

1857 年在倫敦郊外的廷肯漢（Twickenham）設立陸軍軍樂學校，由夏里恩擔任首任總教官。招收五十名軍樂生，接受爲期三年的教育；另外還有由各軍樂隊選調再教育的軍樂隊員一百三十名，施以一年的訓練。1887 年改爲現在的名稱 —— 皇家軍樂學校（Royal Military School of Music）

1857 年整建後的英國步兵樂隊編制爲：

2 短笛與長笛	2Eb 調短號
2 雙簧管	2Bb 調富魯格號
4Eb 調豎笛	2Eb 調富魯格號
22Bb 調豎笛	4 法國號
4 低音管	2 細管上低音號
2Eb 調中音薩克斯風	2 粗管上低音號
2Bb 調次中音薩克斯風	4 長號
4 短號	3 本巴敦低音號（Bombardon）
2 小號	打擊若干名
	合計約 69 名（打擊估計 4 名）

這個軍樂學校也培養出不少著名的軍樂指揮，其中多人也擅長編曲，他們改編的樂譜，有些至今還被演奏。較具有影響力的有：丹·葛佛立（Dan Godfrey）、查理·葛佛立（Charles Godfrey）、菲得力·葛佛立（Frederick Godfrey）、布斯（Karl Boose）、卡佩（J.A.Kappey）、米勒（George Miller）和溫特巴騰（Frank Winterbattom）。也由於軍樂學校的設立，和這些英國主要軍樂隊領導人的努力，英國的軍樂隊才急起直追，躋身軍樂強國之列。

到了 1888 年，由丹·葛佛立領導的近衛軍步兵樂隊編制爲：

1 短笛	6 短號
2 長笛	2 小號
2 雙簧管	4 法國號
4Eb 調豎笛	1 細管上低音號

14Bb 調豎笛	4 粗管上低音號
1 中音豎笛	3 長號
1 低音豎笛	6 本巴敦低音號（Bombardon）
2 低音管	3 打擊
1 倍低音管	合計 57 名

和上表相較，後者少了薩克斯風，又回到 1850 年代德國軍樂隊的作法，另外富魯格號和 Eb 短號也消失了，後者只用在銅管樂團裡，增加了獨立的短笛、中音、低音豎笛及倍低音管，比較奇特的是當時低音號已問世多時，也早爲各國採用，英國仍用本巴敦低音號，和薩克斯風的消失一樣讓人納悶。

以上對十九世紀法、德、英三國的軍樂隊，先作粗略的敘述，在這裡不難看出，其中存在頗大的差異，如果把樂團當作一個聲音的「調色盤」，當然在一個樂團裡樂器的種類、音色越多越好，但是，管樂團存在的問題是，永遠沒有辦法找出如管弦樂團的弦樂組那樣的「中心音色」，樂器改革者的一部分努力是放在音域上，管樂器的音域普遍不大，一般「安全」的音域多半在兩個八度到兩個八度半之間，雖然有些木管樂器如長笛、豎笛的「表訂」音樂可到三個八度，但是前者低音弱，在樂團合奏時音量不足；後者的問題則在於高音域的指法太難，音色也不易控制。因此，爲了把音域串連起來，必須用同類、不同音域的樂器才可達成，這就是德國樂團和法國樂團用了非常多同家族樂器的原因。

從木管與銅管的比例上來看，法國爲二十二比二十四，德國爲二十比十九，兩者比例都相當，接近一比一。但是如果以更有「門道」的眼光來看，法國用了大量的薩克斯族樂器——除了整組的薩克斯風之外，還有七種薩克斯號，這兩組樂器都屬於「圓錐管」類，音色較柔、暗，因此樂團整體音色會溫暖。值得注意的是，這時的法式樂隊並未包含任何雙簧樂器（雙簧管、英國管、低音管），很明顯的可以看出，當時以薩克斯主導的改革，追求溫暖音色的企圖，不放入音色「溶解度」較差的雙簧樂器是有其道理的。

由魏普列赫主導的德國則大異其趣，他採用雙簧樂器，很自然地，沒有用薩克斯風，除了比例不算高的短號、中音號、上低音號和低音號以外，沒有圓錐管的樂器，就不難看出音色是偏亮的。

英國樂隊的編制在三十年間的變化不算大，但是木、銅管比例由三十八比二十七，約為六成比四成，總計二十六支的豎笛又佔了木管將近七成；變為二十八比二十九，由木管的優勢轉為幾乎相等，甚至銅管還多一名。1888 年的編制除了薩克斯風組以外，和目前美、日與臺灣樂團的編制幾無二致。

在樂譜的出版方面，1846 年布賽（C.Boosé）開始編輯發行期刊式樂譜 Boosé's Journal[16]，後來由布西（Boosey）公司接手，由於樂譜發行十分成功，企業家朱立安（Jullien）更禮聘名指揮查理．葛佛立（Charles Godfrey）任總編輯，夏貝爾（Chapell）公司也跟進，發行 Army Journal。

苟德曼指出：「期刊式樂譜的推出，有立竿見影之效，不只提供了優質的樂曲，更重要的是藉著演奏這些音樂，加

16 「期刊樂譜」（Journal music），以期刊的方式發行，每月推出新曲，為了推廣普及，起初其內容係針對初級到中級程度的樂隊。

速了英國樂隊編制的統一，而且前所未見的，以『音樂』的力量促成。者兩家出版社的樂譜，不只在英國，也影響美國的樂隊編制與演奏曲目」[17]。

第三節　銅管樂隊

在法國大革命與產業革命之後，造就了不少中產階級與勞工階層，而又適逢活塞銅管樂器的發明與普及，歐洲許多國家在十九世紀二〇年代起，開始有了純由銅管樂器組成的樂隊，各國之中組織最完善、發展最蓬勃的首推英國。這種銅管樂隊，在音樂史上可以說是個異數（至少到那時候爲止而言），許多人把這個時期的銅管樂隊，和中世紀的樂侍及城市樂隊相提並論[18]，其實是錯誤的，而且他們之間也沒有淵源[19]。這兩種歐洲城市中的音樂家，其實都是職業的，要不就是專職或兼職受雇於人的音樂家，但是英國銅管樂隊的出現，純粹是業餘愛好者自發性的組織。

十九世紀初的英國正處於工業革命之後的「大躍進」時期，到處工廠林立，由於對煤的需求遽增，各地有數以百計的煤礦開挖，工業的蓬勃發展，製造了無數的就業機會，也產生了新的社會階層一勞工。然而，那時勞工的工作環境非

---

17 Richard Franko Goldman, *The Wind, It's Literature and Technique*, Boston: Allyn and Bacon, 1961, P. 32.

18 Wait 爲韓國璜的譯法，頗爲傳神。其內容參見許雙亮：管樂合奏的歷史，台北，文史哲，2009，頁 15。

19 Trevor Herbert, The Cambridge Companion to Brass Instruments, Cambridge, Cambridge University Press, 2002.

常惡劣，待遇也很差，每週工作六天、每天十一小時，爲了紓解工作之苦，他們下班後最常從事的休閒活動是喝酒和唱歌。漸漸地演奏樂器也成爲另一種選擇，起初都是一些銅、木管各種樂器編制不一的組合。

1814 年英格蘭的蘭開夏郡（Lancashire）組了第一支名爲史特立橋老樂隊（Staly Bridge Old Band）的銅管樂隊，和當時歐洲的許多樂隊一樣，這個樂隊成立之初還不是純銅管。之後由於短號（Cornet）的加入，樂隊有了更爲突出的旋律樂器，但是樂隊的中、低音仍然虛弱，雖然有歐菲克萊德，但其音量並不足以支撐整個樂隊，銅管樂隊的真正發展，要等到薩克斯號（Saxhorn）的問世。此一家族的樂器加入後，原本的木管樂器漸漸淡出，而成爲純粹由銅管組成的樂隊，開啓了英式銅管樂隊輝煌的序頁。

在 1820 年以前，除了專業的演奏者，一般人要接觸樂器

圖 4-6 銅管樂隊

的演奏是很困難的事，在十八世紀的英國，很少人知道什麼是長號，高水準的小號和法國號的演奏者也供不應求，但是到了十九世紀中葉，一個能掌握複雜銅管演奏技巧的普通工人，幾乎可媲美管弦樂團的某些樂手。銅管樂器在勞工階級中能普及的關鍵因素是活塞的應用，使它們易於演奏[20]。這類新型樂器發明時，正值新的工業製造和生產方式發展的時期，數以千計的樂器從生產線上產出，因此，成本比以往手工製樂器來得低，因此其銷售的價格也比較容易被勞工階層接受。對銅管樂器的發明者和製造商而言，十九世紀起，日益向都市集中的人口，爲這些商品提供了廣大的市場。銅管樂隊多半不是在大城市裡起步，而是始於一些中小型的城鎮，特別是有一些特定資源的，如礦場或紡織廠。1820 年代，活塞銅管樂器促使英國原本木、銅管混合的樂隊紛紛轉型。

而後此類樂隊如雨後春筍般迅速在英格蘭發展，這種以業餘的樂手（主要是勞工）組成的樂隊，可分爲兩類，一種是獲得企業主們大力支持的，由於經費充裕，所以活動力強；另一種是由城市或小鎮裡的愛好者組成，由地方仕紳出資，由於經費較不固定，經營往往較爲困難。

1832 年在南威爾斯的蒙茅斯郡（Monmouthshire）的布雷納鎮（Blaina），首見由一群鋼鐵廠工人組成的銅管樂隊[21]；次年又有哈德曼與沃克銅管樂隊（Hardman and Walker）及布雷克公爵樂隊（Black Duke）成立，有些至今仍很活躍。

20 有了活塞以後，銅管樂器可以輕易的奏出低泛音的音階。
21 很多樂隊在初期還有木管樂器，此樂隊是第一個轉型爲純銅管樂隊的。

很快地，銅管樂隊在當時的樂隊成爲首要的媒介，通過它，地方傳統與西方音樂的深厚歷史和價值相融合，以致於改變原有的價值[22]。

筆者認爲，這一點實在是英國銅管樂隊最難能可貴的地方，和法國相較，法國大革命時期管樂的興盛，很大部分要歸功於那些原本爲皇室和貴族服務，因大革命而失業的音樂家；美國在十九世紀銅管樂隊的蓬勃發展，是因爲南北戰爭的需求，以及戰後復員時，那些退伍軍人的影響，英國的銅管樂隊以最平民化的姿態誕生、運作，更值得喝采。

在十九世紀中葉，銅管樂隊又有兩波的成長，一是樂器銷售量的大幅提昇，二是比賽制度的建立。那時活塞樂器的製造已經很成熟，並且積極向工人階級銷售，1844 年前後，英國的著名銅管樂演奏家族狄斯丁（Distins）在巴黎結識薩克斯，後者一直想在英國推銷他的新樂器，但不成功，此後狄斯丁取得薩克斯製造的樂器在英國的代理權，並且在英國生產，後來還推出分期付款辦法，此後銷售數字之上升，便不難想像。

關於比賽，也幾乎和樂器的熱銷同時發生，1840 年代在約克郡的布東康使代博鎮（Burton Constable）就舉辦過，但是當時的參賽隊伍樂器編制非常混亂，每隊十二人爲限，編制完全不同，可以看出還屬於過渡時期[23]。

---

22 Trevor Herbert, “Brass Band and Other Vernacular Brass Tradition”, *The Cambridge Companion to Brass Instruments,* Cambridge, Cambridge University Press, 2002.

23 Roy Newsome, *Brass Roots,* Aldershot: Ashgate Publishing Ltd. 1997. p.29.

真正對銅管樂隊發展有巨大影響的比賽，咸信是由來自約克郡的商人捷克遜（E. Jackson, 1827-1903）所創辦，他的靈感來自英國的「農藝比賽」[24]，認爲樂隊是一種娛樂，如果藉比賽來展示，一定會有吸引力。1852 年他先在曼徹斯特「美景動物花園」（Belle Vue Zoological Gardens）舉辦小鼓和軍笛的比賽，並獲得企業家詹尼森（J. Jennison）的贊助。此項比賽非常成功。1853 年舉辦第一屆全國銅管樂隊大賽，參賽隊數急遽增加，許多樂團是爲了參賽拿獎金而組成的，從此，這項比賽一直持續舉辦至今。

英國銅管樂隊一百多年來如此蓬勃的發展，比賽的制度是重要因素[25]。它也成爲工人們聚集的場合，他們本著競賽的精神，相互切磋音樂觀點、相互觀摩，最終在風格和標準方面形成了共同的觀念。對於觀眾而言，他們體驗的不僅是娛樂，而是深刻的啓發。在二十世紀之前，至少在英國，銅管樂隊是主要媒介，器樂藝術音樂透過它傳播到工人大眾之中[26]。

除了「美景」大賽（現稱英國公開賽 British Open Brass Band Championship）之外[27]，還有自 1860 年起由「全英銅管樂隊節」（National Brass Band Festival）演變成的全國大賽，每年在倫敦水晶宮舉行，初期就有 170 隊參加，到了 1896

---

24 就是農人把家裡的年、羊、豬、雞等牲畜拿出來表演，優勝者可得到獎金，如同電影「我不笨，我有話要說」中之情景。

25 比賽獲勝隊伍可得到豐厚的獎金，另有針對優秀的聲部給的獎金。

26 特雷弗・賀伯特、約翰・華萊士編，《銅管樂器》，北京，人民音樂出版社，2007，頁 201。

27 1982-1996 在曼徹斯特「貿易廳」（Trade hall）舉行，1997 起移至伯明罕的「交響樂廳」。

年已有 240 餘隊參加，直到 1936 年爲止（1937 年水晶宮毀於火災)。1938 年起，改在亞力山大廳舉行，共分十級，仍有 200 餘隊參加。

在上文中，筆者詳述了英國銅管樂隊如此興盛的兩大因素，和歷史上許多樂團以「實用性」爲目的的情形大相逕庭，在這裡我們是否也得到啓發，以商業的手段來操作，加以豐

圖 4-7 1928 年銅管樂隊大賽的海報

厚的獎金激勵，也不失爲一種促進音樂發展的良方，這在二十世紀以來的許多古典或流行音樂比賽都已是司空見慣，國內的音樂比賽也許囿於政府的經費或困於道德觀念，一直無法突破，現在效法英國銅管樂隊的比賽作法，也許爲時未晚。

除了這些屬於「英國銅管樂隊聯盟」的樂隊以外，還有屬於教會系統的「救世軍銅管樂隊」（The Salvation Army Band）[28]，它的成立是基於傳教的目的，最初在 1878 年薩里伯利的富萊（Charles Fry）父子四人組成的四重奏開始，到 1886 年全英國已有四百多隊，由於傳福音的任務所需或人力所限，救世軍銅管樂隊的編制不一，常因時因地而變通，他們演奏的音樂限於教會出版的「福音聖歌曲集」[29]。雖然實用性是使用它的原因之一，但是主要還是因爲它具有重要的軍事象徵，救世軍銅管樂隊在大英國協國家和北歐諸國也很常見，二十世紀初還擴及亞洲和大洋洲。

英式銅管樂隊的編制如下[30]：

降 E 調高音短號	Soprano Cornet in Eb
4 支獨奏降 B 短號	4 Solo Cornets in Bb
1 支第一部降 B 短號	Repiano Cornet in Bb
2 支第二部降 B 短號	2 Second Cornets in Bb

28 1865 年英國牧師卜威廉（William Booth）在倫敦成立了「基督教會」（The Christian Mission），目的是要將基督教傳給那些無法到教會的窮人們，後來迅速擴展，並在 1878 年更名爲「救世軍」，並致力改善窮人的生活。此樂隊採軍事化管理，故名，主要任務爲協助教會宣教活動之音樂演奏。Trevor Herbert, *The Trombone,* Yale University Press, 2006. P. 237.

29 直到 1990 年代，才有一些「外圍樂團」可演奏一般的世俗音樂。

30 這些活塞樂器都是圓錐管，包括次中音長號都看高音譜，便於演奏者可輪替其他樂器，唯獨低音長號（G 調）看低音譜。

2 支第三部降 B 短號	2 Third Cornets in Bb
1 支降 B 調柔音號	1 Flugelhorn in Bb
3 支降 E 調中音號	3 Tenor Horns in Eb
2 支次中音長號	2 Tenor Trombones
1 支低音長號	1 Bass Trombone
2 支粗管上低音號	2 Euphoniums in Bb
2 支細管上低音號	2 Baritones in Bb
2 支降 E 調低音號	2 Basses in Eb
2 支降 B 調低音號	2 Basses in Bb
4 打擊樂器	4 Percussion

在這個編制表裡，大家一定感到納悶，因為它不包括小號、法國號，這要從短號與小號這兩樣樂器在先天的性格上的差異說起，傳統上小號是比較神聖的、莊嚴的、軍事的；而後來才出現的短號則較具有世俗、平民、旋律性，在白遼士、柴可夫斯基的作品中不難發現。銅管樂隊要的是可靈活擔當旋律的樂器，當然用短號，另外是從音色上的考量，除了長號以外，其餘全是圓錐管樂器，有助於更好的音色融合。至於法國號，不難想像，對於十九世紀的業餘演奏者而言，它的管子長、泛音多，因此不易吹奏，相較之下，用中音號容易得多[31]。雖然也有些樂隊嘗試在比賽中加入小號、法國號等樂器，但主辦單位並不鼓勵。

在演奏的音樂方面，早期的銅管樂隊都各有自己「特製」

31 中音號在英國稱 Tenor horn 事實上它卻是 Alto 樂器，有如中提琴，究其原因是英式銅管樂隊的 Soprano 是 Eb Cornet，Alto 是 Bb Cornet，真正的 Alto 音域的就成了 Tenor，二十世紀的美國管樂譜成其為 Alto horn。

的曲目，多半由樂隊指揮親自編曲，最多的是歐洲的歌劇選曲，如序曲及著名的詠嘆調，尤以義大利的歌劇最受歡迎，甚至把歌劇詠嘆調改寫成中產階級熟悉的舞曲如波卡、方塊舞和蘇格蘭舞曲形式來演奏。起初編曲的手法較爲平鋪直敘，隨者演奏者技巧日益精進，樂曲的難度愈高、變化愈多。有些編曲還流傳至今，如賽法撒樂隊（Cyfarthfa, 1838）、黑堤磨坊樂隊、（Black Dyke Mills Band, 1855）、鵝眼樂隊（Goose Eye Band, 1870）用的曲譜以及歐文（A.Owen）爲貝司歐巴恩樂隊（Besse o' th' Barn Band）編的大部頭作品[32]。

十九世紀時爲銅管樂隊出版的大型作品難得一見，不過自 1840 年代末期開始，有出版商以「期刊」的方式[33]，每月印行新曲，主要是針對中、初級的樂隊，內容是實用的進行曲及改編曲。關於這一點，筆者認爲它也是維繫英國銅管樂隊命脈的重要因素，大凡一種合奏形式的產生，一定要有足夠的曲目，否則難以爲繼，銅管樂隊是以前未曾出現的媒介，因爲有期刊樂譜供應養分，才讓它生生不息，並且有助於編制的統一。筆者在十餘年前曾爲文，談到國內小學兒童樂隊（舊稱節奏樂隊）的問題[34]，指出這種樂隊很難經營的關鍵因素就是樂譜的欠缺，因爲世界上除了亞洲的日、韓和臺灣以外，少有此類樂隊，因此只有少數來自日本，供初級樂隊

32 Trevor Herbert, *The Cambridge Companion to Brass Instruments,* Cambridge, Cambridge University Press, 2002.

33 最早出版銅管樂隊期刊樂譜的是威賽爾（Wessell）出版社，其他如布西（Boosey）、迪斯丁（Distin）、史密斯（Smith）和夏貝爾（Chapell）等樂譜公司都相繼出版這種期刊。

34 許雙亮：〈對於國小發展管樂隊的看法與探討〉,《省交樂訊》, 民 84，三月號。

圖 4-8 十九世紀銅管樂隊的樂譜

用的樂譜，得依靠帶團的老師自行編曲，也造成長久以來編制不一，無法標準化的原因。

一直到二十世紀初，銅管樂隊的曲目仍然保守，1913年，年輕的作曲家弗來徹（P. Fletcher），應邀為某個銅管樂隊寫作比賽自選曲，打破了比賽曲目都是改編曲的傳統，自此才陸續有作曲家寫作原創音樂，還有艾爾加、霍斯特等大作曲家為銅管樂隊留下珍貴的作品。

第四節　管弦樂團與管樂團

一、管弦樂團的擴張

十九世紀歐洲管弦樂團規模不斷擴大，在樂器的運用與音色的開發方面，最具有開創性的作曲家是白遼士（Hector

Berlioz, 1803-1969）和華格納（Wilhelm Richard Wargner, 1813-1883）。

白遼士在西洋音樂史上是一個獨特的人，也是那個時代最具原創性的作曲家和最大膽的配器者，幾乎是獨立於傳統脫穎而出，他善於運用管弦樂器，在 1830 年的「幻想交響曲」中，就有讓人信服的表現，他的《管弦樂配器法》是每位作曲者必讀的聖經。白遼士在配器技法上的創舉是做出許多前人從未嘗試的演奏方式和音色組合，另外他那龐大的演奏陣容，應是法國大革命的遺風。

白遼士作曲的生涯在 1825 到 1862 年間，正是許多新樂器改良、發明的時代，但是他並未大量採用，他用得較多的只有短號和低音號。有一點很奇特的就是，白遼士非常推崇薩克斯，並且到處向人推薦他發明的樂器，但是他卻很少將這些樂器用在自己的作品裡，1840 年創作管樂曲《葬禮與凱旋交響曲》時，薩克斯的新樂器尚未問世，但是 1848 年，編制龐大的《感恩頌歌》（Te Deum）中也沒用上。不過在他的《管弦樂配器法》中卻對薩克斯風和薩克斯號有詳盡的描述，對後世極具參考價值。

就配器法而言，華格納是白遼士的後繼者，除了樂團編制的擴大之外，他對新的樂器也有極大的興趣，到了他創作的高峰期歐洲作曲家已普遍接受活塞樂器，他還開發出「華格納低音號」[35]。

35 華格納低音號（Wagner Tuba）是由約翰．莫理茲（Johann Moritz）所發明，用以在華格納的作品「尼貝龍的指環」中演奏。這種樂器有降 B 調與降 E 調兩種，配置四個轉閥，並由法國號手來吹奏，吹嘴和法國號相同，演奏者以左手操作按鍵。

華格納後期的樂團編制擴充到史無前例的規模，四管的木管：四支長笛、三支雙簧管加英國管、三支豎笛加低音豎笛、三支低音管加倍低音管。銅管方面，在「指環」中除了四支小號、三支長號以外，還加上低音與倍低音長號，低音號則有 F 調、降 E 調低音號，還有 C 調或降 B 調倍低音號。在此作品中還引進新樂器—低音小號和華格納低音號。

由此看來，十九世紀樂器的改良與發明，受惠最大的是管樂團，管弦樂團只吸收了低音號這個新成員，其他的銅管則採用了有活塞的新樂器（長號除外），但他們的基本音色並未改變，薩克斯風及上低音號並未成爲交響樂團固定的成員，只有在音樂的特質需要它們時才出現。

二、管樂團的音樂會

十九世紀下半葉是管樂團（主要是軍樂隊）的黃金時期，我們今天所熟知的交響樂團，在當時的歐洲還多屬於宮廷或貴族私有，而且多爲歌劇樂團，供平民欣賞的交響樂音樂會還不普遍，因此紀律好、演奏水準高的軍樂隊，便成爲民間音樂活動的核心。他們扮演如現代交響樂團的角色，提供定期的演出，演奏內容多爲改編的管弦樂或交響曲。另一方面它也爲交響樂團「預備」了觀眾，有些作曲家和出版商會在交響樂曲「上市」之前，先推出管樂版，藉著軍樂隊的機動和親民特質，先試探觀眾的反應。

從 1830 年到十九世紀末，有大量爲音樂會而寫的嚴肅原創管樂曲問世，同時管樂團也繼續演奏管弦樂改編曲，這一點未曾引起任何批評和爭議，而且和他們的演奏被接受的程度不亞於交響樂團。樂評家漢斯利克、指揮家畢羅、作曲家白遼士和華格納等人都曾對德國、奧國的軍樂隊給予極高的評價[36]。

相較於德國和奧地利，法國的樂隊也不遑多讓，公開演出很頻繁，他們演奏的樂曲範圍更廣，除了數以千計的管弦樂改編曲以外，還有許多出版的原創管樂曲，包括交響曲、序曲、幻想曲以及樂隊伴奏的獨奏曲，其中最具法國特色的是「歌謠變奏曲」(Air Varié)，除了常見於獨奏曲[37]，也用在合奏曲上，讓每一種（組）樂器都有表現的機會，這些以民謠或歌劇詠歎調爲主題所作的變奏曲，對演奏者的技巧要求很高，當時法國軍樂隊水準之高可見一斑。

英國的情形則略有不同，就像之前的歷史一樣，他們的發展往往和歐陸不同，早在巴洛克時期英國就有管樂合奏曲，但古典時期歐陸諸國很熱中的「管樂小合奏團（曲）」在英國卻付之闕如。由於十九世紀下半葉，英國的管樂欣賞人口以勞工階層爲主，他們的管樂隊也提供大量的演奏會作爲休閒活動，因此他們演奏的樂曲往往比較迎合大眾品味，是「娛樂導向」而非「藝術導向」。

三、歌劇中的管樂

由於管樂團在歐洲各國很受歡迎，這種平民易於接近的音樂團體也登上歌劇舞台，引領風騷的是偉大的歌劇作曲家

36 David Whitwell, *A Concise History of The Wind Band,* St. Louis, Shattinger, 1985.

37 阿邦（Arban）著名的短號、小號教本有不少例子。

羅西尼，他在歌劇《李察多與左賴德》中用了一支管樂團，此舉引來他人競相效尤：1849 年梅耶貝爾的《預言者》中把整個騎兵樂隊搬上舞台，用的全是薩克斯族樂器；華格納的《雷恩濟》裡的樂隊包括六支轉閥小號、六支自然小號、六支長號、四支歐菲克萊德和八個鼓；這股風潮在 1860 年的巴黎達到最高峰，白遼士的《特洛伊人》在幕後用了兩個管樂團和一個小型管樂合奏團。其他如威爾第的《阿依達》、普契尼的《杜蘭朵》、《波米亞人》等歌劇中的舞台樂隊，已經成爲那個時代歌劇的標記。

第五節　管樂團的國際交流

在十九世紀就已存在的「世界博覽會」（舊稱「萬國博覽

圖 4-9 來自各國的樂隊隊員

會」)，除了展示各國的科技、工商實力之外，也是文化軟實力展現的良機。1867 年在巴黎舉行「萬國博覽會」，同時舉辦了軍樂隊大賽，共有來自巴登、普魯士、巴伐利亞、西班牙、法國、比利時、奧地利、荷蘭、俄國等九國、十支軍樂隊參加，以展現各國樂隊在薩克斯和魏普列赫樂器改良之後的實力。

比賽的主辦人是法國作曲家、理論學者卡斯納（Kastner)，於 1867 年七月二十一日，在巴黎的香榭麗舍大道旁的「產業宮」(法 Palais de l' industrie）舉行，優勝者可獲頒金牌及五千法郎的獎金，有兩萬五千人在三十四度高溫的溽暑中，參加此一盛會。

評審團計二十人，由各國推薦兩人，其中較著名的有：德利伯（法國作曲家)、湯瑪士（法國作曲家)、大衛（德國小提琴家、作曲家)、漢斯利克（奧地利樂評家)、畢羅（德國指揮家）及卡斯納[38]。

按照大會規定，每個參賽隊伍要演奏一首指定曲一韋伯的歌劇《奧伯龍》序曲，再演奏一首自選曲，各國代表隊自選曲及名次如下：

---

38 Jean Loup Mayol, *150 ans de la garde republicaine,* Paris, Cannétable, 1998, p. 56

國名	代表隊	自選曲	名次
巴　登	近衛步兵樂隊	孟德爾頌:《羅雷萊》終曲	3
普魯士	禁衛軍第二軍團、 步兵防衛隊聯合樂隊	梅耶貝爾：《預言者》 幻想曲	1
巴伐利亞	步兵第一軍團樂隊	華格納：《羅恩格林》 第三幕前奏曲與婚禮合唱	2
西班牙	工兵第一軍團樂隊	西班牙民謠幻想曲	3
法國 A	巴黎衛隊樂隊	華格納：《羅恩格林》 第三幕前奏曲與婚禮合唱	1
法國 B	禁衛軍騎兵樂隊	威尼斯狂歡節幻想曲	2
比利時	近衛步兵、近衛軍步兵樂隊 聯合樂隊	羅西尼：《威廉泰爾》選粹	3
奧地利	符騰堡公爵第 73 軍團樂隊	羅西尼：《威廉泰爾》序曲	1
荷　蘭	近衛步兵、輕裝兵聯合樂隊	古諾：《浮士德》幻想曲	2
俄　國	騎兵衛隊樂隊	俄國民謠幻想曲	2

這可說是音樂史上第一次的國際管樂大賽，經由互相觀摩，對各樂隊的演奏風格、編制和各種樂器的改良都產生了很大的影響。

比賽之後一週，除了法國以外，所有的客隊都在世界博覽會會場舉行聯合演奏會，每隊演奏兩曲，這項傳統一直持續到二十世紀。

這時歐洲各國的軍樂隊發展已臻成熟，在樂器編制上可說是百家爭鳴、百花齊放，顯示出各國不同的歷史傳統和偏好，甚至領導者的個人風格，下表可以爲十九世紀歐洲中葉各國的軍樂隊編制發展做一總結[39]。

39 Stanley Sadie, *The New Grove dictionary of musical Instruments,* Vol. 1, London, Macmillan Press ltd. 1884, p. 127.

1867 年歐洲各國的軍樂隊編制表：

樂器＼國名	巴登	普魯士	巴伐利亞	西班牙	法國A	法國B	比利時	奧地利	荷蘭	俄國
短笛	1	4	1	2		2		1		1
長笛	2		2	2	1	2	2	2	1	1
雙簧管		4		2	2	3	2		2	2
英國管										1
Ab 豎笛		1		1				2		
Eb 豎笛	2	4	4	2	4	3	2	4	2	2
Bb 豎笛	15	16	10	13	8	12	16	12	10	13
巴塞管										
低音豎笛			1							
低音管	2	6	1	3			4	2	2	3
倍低音管		4		2				2c		2
高音薩克斯風					8		4		4	
中音薩克斯風										
次中音薩克斯風										
上低音薩克斯風										
低音薩克斯風										
法國號		8	5	4	2	3	5	4	4	4
Eb 短號	3			1						1
Bb 短號	1	2	3	2	4	4	2	2	2	2
Eb（D）中音短號										
Bb 富魯格號	3		3	2			2	6	1	2
Eb 小號	4	8	5（F）	6（F）	3	3	4	12	4	8
Bb 小號	1		3							
Bb 次中音號	2	4	2							
中音薩克斯小號			2			2				
上低音薩克斯小號						2				
Eb 高音薩克斯號					1	1				
Bb 次高音薩克斯號					2	1				
Eb 中音薩克斯號					3		1			
Bb 上低音薩克斯號					2					
C 上低音號（細）	3			2			1	3		2Bb
Bb 上低音號（粗）		2								
中音長號	6	8			5	5	4	6	3	6
次中音長號			2	4						

低音長號			1	2						
Bb 低音薩克斯號					5	6			4e	
Eb 倍低音薩克斯號					2	3			2	
Bb 倍低音薩克斯號					2	2				
F 低音號	8			2			4			
Eb 低音號										3
C 本巴敦低音號			3				2			
低音號		6		2			3	8		
C 倍低音號				2						
Bb 倍低音號									1	3
定音鼓		3	1		4	1			1	
小　鼓			1	1				2	2	1
大　鼓		1	1	1			1	1	1	1
鈸		2	1				1	1	1	
三角鐵				4						1
其　他	a			b				d	f	

a.Eb 活塞短號（Piston）b.低音富魯格號 c.克拉力歐風（Clariofon）d. 3 低音富魯格號 e.2C/2Bb f.3 低音提琴

第五章　十九世紀美國管樂團的發展

第一節　獨立前後的管樂團

在殖民時期，美國的軍樂隊主要是零星的，附屬於軍隊的小規模樂隊，通常只有少數幾人[1]。而小鼓在殖民時期的生活中佔有重要的地位，除了爲英國軍隊行進伴奏之外，也爲軍民提供了各種警訊、信號與命令。除了小鼓以外，後來還配置了短笛（Fife）或風笛（Bagpipe）。

到了十八世紀中葉，另一種具有歐洲傳統風格，所謂「音樂隊」(Band of Musick) 流傳到美國的城市[2]。這類樂隊的編制通常包含三支雙簧管，一支低音管或一支低音雙簧管(Bass Oboe)，爲了強化木管的音色，後來還加了兩支法國號，並且成爲十八世紀後期的標準樂隊模式，至於豎笛與小號則在更晚之後才加入。

當時在中歐地區很流行的「管樂小合奏團」，是在 1770 年前後由德國移民帶到美國的，他們演奏的水準很高，演奏

---

1 Richard Franko Goldman, *The Wind, It's literature and Technique,* Boston: Allyn and Bacon, 1961, p.34.

2 Frank J. Cipolla, Raoul F. Camus, *The Great American Band,* New York , The New York Historical Society, 1982.

的曲目包括海頓、約翰·克利斯倩·巴哈、普雷葉（I. pleyel）等人的作品[3]。

相對的，來自英國的影響是在軍樂隊方面，1767 年到 1770 年間，英國派駐加拿大軍團所屬的軍樂隊就在紐約、波士頓與費城等地舉行過正式音樂會，稱爲「皇家美洲音樂隊」（Royal American Band of Musick）[4]。到了十八世紀末，歐洲的土耳風尙也傳到了美洲大陸，大鼓、鈸、三角鐵與鈴鼓等打擊樂器，被新大陸的音樂家收編在新制的管樂團中[5]。其他在獨立初期「擴編」的樂器還有短笛、蛇形大號、低音號、低音豎笛及長號等，由此看來，殖民時期到美國獨立之前，新英格蘭地區的樂隊已和歐洲相去不遠[6]。

至於民間的樂隊方面，1767 年，自英國移民來美國的波士頓的作曲家、演奏家暨音樂經理人福拉格（Josiah Flagg），可以說是美國的第一位樂隊指揮，他組織了五十人的管樂暨合唱團（實際上是由他訓練的六十四軍團樂隊），其實際編制不詳，應該是英國式的完整樂隊。這個樂隊在此後的四年裡，舉行過最少六場音樂會，甚至 1773 年，也就是韓德爾的名作《彌賽亞》首演的次年，他的樂隊就在波士頓演出此一作品。可惜的是，這個樂隊如曇花一現，不出幾年就解散了，福拉格也不知所終。

---

3 Richard K. Hansen, *The American Wind Band- A Cultural History,* Chicago, GIA, 2005, p.16.

4 Richard K. Hansen, *The American Wind Band- A Cultural History,* Chicago, GIA, 2005, p.16.

5 Raoul F. Camus: *The Early American Band, The Wind Band It's Repertoire,* New York, Rochester University Press, 1994, P.60.

6 許雙亮：管樂合奏的歷史，台北，文史哲，2009。

1776 年北美十三個英屬殖民地發表「獨立宣言」，因而引發「獨立戰爭」(1776-1783)，是年「大陸軍」計有十四個團[7]，團下又各有八個連，每個連都配有兩名短笛手和兩名鼓

圖 5-1 美國獨立戰爭時期之鼓笛隊

圖 5-2 鼓笛隊的樂譜

手，總計 448 名樂手。1777 年，大陸軍的音樂督導西威爾(J. Hiewell)創立第三、第四砲兵連樂隊，次年請德國督導司徒貝（B. von Stuebe）負責訓練，這兩個樂隊除了演奏軍隊所需的信號曲以外，還能奏「管樂小合奏團」的音樂，他們也成了日後美國軍樂隊的基礎。在戰爭進入尾聲的 1782 年，第三、砲兵連樂隊變爲「麻塞諸塞樂隊」(Massachusetts Band)。

在戰爭結束、國家運作漸具規模之後，軍方覺得有成立正式樂隊的必要，因此在第二任總統亞當任內，於 1798 年 7 月 11 日，由國會通過立法而成立了美國的第一支軍樂隊 ——「海軍陸戰隊管樂團」(Marine Band)，它的歷史可追溯到美

7 Continental Army　，美方的軍隊，其統帥爲華盛頓將軍。

國獨立戰爭中的海軍陸戰隊（Continental Marine）裡負責軍隊行進時演奏的鼓笛隊，樂隊設立初期，設一位笛隊長（Fifer Major）、一位鼓隊長（Drum Major）以及三十二名隊員。

由編制看來，「海陸樂隊」並未將當時歐洲的樂隊移植過來，以和美國獨立初期的十三州關係最密切的英國爲例，1794 年英國近衛軍步兵樂隊樂隊的編制是長笛 1、豎笛 6、低音管 3、法國號 3、小號 1、蛇形大號 2、打擊 1，雖然總數只有十七人，但是共有七種樂器，無疑是比較豐富的[8]。究其原因，應是延續大陸軍時期的鼓笛隊。到了 1799 年再增加十八名，據荀德曼的說法，這時樂隊的編制有雙簧管 2、豎笛 2、低音管 1、打擊 1[9]，倒是接近「管樂小合奏團」的八重奏，只是把一支低音管換成打擊（應該是小鼓），這麼一來，在人數上就兜不攏了，究竟增加的十八人演奏的樂器爲何？原本的三十二名是否調整？有待更進一步考證。

1800 年美國首都由費城移到華盛頓，該隊的第一次演出是 1801 年元旦，地點在白宮，同年三月在美國第三任總統傑弗遜的就職典禮上演奏，從此成爲慣例[10]。也受封爲「總統專屬」樂隊（The President's own），他們主要的任務是爲總統、國會與陸戰隊司令部的各項活動提供音樂，如迎賓禮、國宴、接待會和其他各種的娛樂演出，平均每年三百場。

---

8 許雙亮：管樂合奏的歷史，台北，文史哲，2009。

9 Richard Franko Goldman, *The Wind, It's literature and Technique*, Boston: Allyn and Bacon, 1961, p.34.

10 Richard K. Hansen, *The American Wind Band-A Cultural History*, Chicago, GIA, 2005, p.19.

第二節　管樂團的轉型

十九世紀初的美國管樂團發展，幾乎和歐洲如出一轍，在世紀初都是銅、木管混合的樂隊，麻州沙冷（Salem）的「軍旅樂隊」於 1806 年組成，編制爲豎笛五、低音管二、小號和大鼓各一[11]；還有賓州伯利恆的民兵樂隊和紐約州第十一兵團的樂隊都在 1810 年成立。和樂器大規模改良前的歐洲一樣，樂隊的編制多由木管、按鍵步號、歐菲克萊德、蛇形大號、雙簧類等樂器組成。這些樂隊的成員大多爲平民或民兵，比較沒有軍事色彩可獨立運作，倒像是「市民樂隊」，主要的任務是戶外的音樂會、參與遊行、軍隊操演或愛國集會等典禮。

由於殖民的歷史使然，以及新英格蘭地區的英裔居民影響，美國的管樂團比英國稍晚，也轉型爲英國式的銅管樂團，並且在 1830 年代到內戰前蓬勃發展。1835 年肯道爾（Edward Kendall）在波士頓組成第一個銅管樂團（Boston Brass Band）。自 1825 就存在的紐約「獨立樂隊」（Independent Band），於 1836 年又改組爲「國家銅管樂團」，1842 年以指揮爲名成爲「道德瓦斯管樂團」（Dodworth Band of New York），而羅德島的「普羅威頓斯美國管樂團」（American Band of Providence, Rhode Island）也在 1837 年成立。

---

11 1837 年改爲純銅管樂隊。

圖 5-3 波士頓銅管樂隊

圖 5-4 肩負式銅管樂器

以普羅威頓斯樂隊爲例，它的編制是當時典型的：

1Eb 步號	1 細管上低音號
1Eb 短號	3 低音號
1Bb 短號	1 小鼓
1 郵號	1 大鼓
1 小號	1 鈸
2　中音號	
2 次中音號	合計 16 名

南北戰爭之前，美國最佳的銅管樂團是前述的紐約「道德瓦斯管樂團」，老道德瓦斯是在 1830 年中期，與他四位兒子共同籌組他們第一個樂隊，最初稱爲「國家銅管樂團」，不過不久即以姓氏爲隊名。道德瓦斯一家人都演奏數種樂器，而且都是多產的作曲家，他們的樂隊聲譽卓著。1840 年代加入「肩負式活塞銅管樂器」[12]，1847 年其團員已增加到四十人。多年後，美國著名管樂團指揮紀莫爾（Patrick Gilmore）曾在「內戰前之管樂團」一書中稱：「沒有任何一隊能與『道德瓦斯樂隊』美妙的銅管音色相比擬。」事實上，凡是由這個樂隊出身的演奏者，都成爲職業樂界的翹楚，其中最出名的就是指揮家湯馬斯。

雖然 1840 年前後，美國的樂隊紛紛改爲純銅管，但是由於來自德國、義大利、愛爾蘭等歐洲移民的影響，美國的

12 肩負式樂器（Valved over-the-shoulder brass）是由道德瓦斯發明，並於 1838 年申請專利，這種樂器的聲音是朝後發出的，以便於跟在樂隊後面行進的部隊可清楚聽到音樂。在南北戰爭時被廣爲採用，但很快的就隨著戰爭結束而走入歷史。

銅管樂團在配器上不如英國統一[13]，另外，薩克斯號族銅管樂器，使銅管組合擁有比以往更佳的音準與音色融合度，進而成爲銅管樂團的主體，在低音方面，除了低音號以外，有些樂隊仍使用「歐菲克萊德」。

在樂譜方面，1853 年在紐約的弗士邦公司（Firth, Pond and Company）也出版和英國一樣的「期刊樂譜」— The Brass Band Journal，著名的民謠之父佛斯特（S.Forster）也爲期刊編寫銅管樂團用的音樂，這種樂譜製成口袋大小，以便能夾在樂器的小譜架上，此一「期刊樂譜」共出了二十年，見證了美國銅管樂團的發展。

美國銅管樂團的黃金時期是在 1850 年代[14]，由於這時期的管樂器的發展已漸臻完善，職業與業餘樂隊數量也隨著增多，但是和英國不同的是，「比賽」向來不是美國銅管樂團存在的理由，因此從沒有過正式的銅管樂團比賽。

美國銅管樂團發展不同於英國的另外兩點是女性的參與和作爲軍樂隊。在英國，銅管樂團的成員清一色是男性，參加樂隊對勞工階層而言，就像上流社會人士打馬球那樣，是男人們重要的社交活動，直到二十世紀下半葉才有女性加入銅管樂團；在美國，除了社會階級不明顯之外[15]，打破此

13 Jon Newsom, "The American Band Movement in the Mid-Nineteenth Century", *The Wind Band It's Repertoire,* New York, Rochester University Press, 1994, P.79.

14 Jon Newsom, "The American Band Movement in the Mid-Nineteenth Century", *The Wind Band It's Repertoire,* New York, Rochester University Press, 1994, P.78.

15 Jon Newsom, "The American Brass Band Movement in the Mid-Nineteenth Century", *The Wind Band It's Repertoire,* New York, Rochester University Press, 1994, P.79.

一框架的原因，除了因民情不同，也要歸功於布什將軍的堅持[16]，女性才得以被徵召參加救世軍樂隊，可見在美國銅管樂團發展的初期，男女就有平等參與的機會。

圖 5-5 南北戰爭時期的銅管樂隊

英國銅管樂團一直維持以勞工爲中心的業餘、社交性質，在美國原本它也和軍隊沾不上邊，但由於環境使然，1860年代美國爆發南北戰爭，有些銅管樂團被「整隊」徵召加入軍隊，其中在最有名的蓋次堡（Gettysburg）之役演奏的南軍二十六軍團軍樂隊，就是來自南卡羅萊納州沙冷鎮的「莫拉維亞教會銅管樂團」，當時最著名的樂隊指揮是喬治·艾伍斯[17]。

很多十九世紀的管樂曲都在戰時問世，但是作爲軍樂，它們不像同時期的歐洲軍樂那般嚴肅，往往是較輕快的快步

16 Trevor Herbert, *The Cambridge Companion to Brass Instruments*, Cambridge, Cambridge University Press, 2002.

17 George Ives，美國著名作曲家查理·艾伍斯之父。

舞曲和通俗歌謠風格的進行曲，南北戰爭時期也促成美國銅管樂團最顯著的進步。

雖然同爲銅管樂團，但由於環境不同，英美銅管樂團的發展也出現一些差異，茲將兩者之異同，以下表作比較：

內　容	英　國	美　國
出現時間	1830 年代	1830 年代
成　員	男　性	男女皆有
編　制	統　一	不統一
比　賽	有	無
職業化	無	有
加入軍隊	無	有
期刊樂譜	有	有
樂隊專用編曲	多	少

雖然如前所述，南北戰爭促成了美國銅管樂團的發展，但也是在戰爭前夕，有些樂隊又開始加入木管樂器，道德瓦斯樂隊也不例外。當時最有名的樂隊指揮是格拉富拉（Claudio Graffulla, 1810-1880），他二十八歲從西班牙移民到美國，參加紐約路西爾銅管樂團（Lothier Brass Band），後來這個樂隊被收編到紐約國家防衛隊，隸屬 107 步兵團第七軍團。1860 年他成爲樂隊隊長後，在樂隊裡加入木管樂器，並使它成爲當時美國頂尖的樂隊，一般稱之爲「格拉富拉樂隊」，和道德瓦斯樂隊分庭抗禮。

第三節　職業管樂團

美國南北戰爭之後，政治紛擾暫止，社會歧見化解，全民有志一同，邁向工業國家之路。在音樂方面，綜觀十九世紀美國管樂團的發展，「南北戰爭」可以說是個分水嶺，戰前的發展以銅管樂團爲主，也有不少銅管樂團投入南北兩軍陣營。但是隨著戰爭結束，樂隊從軍事的功能轉爲娛樂的功能，除了傳統的遊行與典禮之外，也要演奏舞曲及娛樂性的音樂。並且慢慢轉爲銅管、木管混合的現代管樂團編制，而職業管樂團遂應運而生。

其中最有名、最偉大的樂隊指揮則屬紀莫爾（Patrick Gilmore）無疑，他把「民營化」樂隊經營得有聲有色，他的樂隊編制、演奏曲目、風格和經營手法都對後人產生莫大的影響。真正能延續紀莫爾樂隊經營手法，甚至超越他的是蘇沙（Jean-Philip P. Sousa）。

一、紀莫爾樂隊

紀莫爾 1829 年生於愛爾蘭，十幾歲就加入業餘樂隊，兩年後加入軍團樂隊，1848 年隨軍被派駐加拿大。退伍後他移民美國波士頓，在一家樂譜公司任職，並參加「伊奧利安聲樂家」吟遊合唱團（Ordways Aeolian Vocalists）演奏小號和鈴鼓。他的指揮事業始於 1849 年，在波士頓地區擔任管樂團指揮，先後領導過查爾斯鎮（Charlestown）、沙福客（Suffolk）、波士頓及沙冷銅管樂團。在他的領導下，沙冷樂隊有長足的進步，1857 年還曾遠赴華盛頓，在布夏南總統的就職遊行中演奏。

至 1859 年，由於聲譽日隆，他接下波士頓軍旅樂隊，並將之改組爲全職業性的「紀莫爾管樂團」，1859 年四月，正式在波士頓音樂廳登台，這個樂隊在音樂及財務經營都十分成功。樂隊成員有三十二人，另外，亮麗的制服、定期的排練以及豐富的樂譜都是該隊的特色，以爲它們帶來應接不暇的演出邀約。

然而，正當事業起步之際，卻受南北戰爭，紀莫爾樂隊被徵召成爲「痲州第二十四軍團樂隊」[18]，自 1861 年十月至翌年八月，並成爲樂隊從軍的典範。

1864 年紀莫爾受邀前往紐奧爾良，指揮由多個樂隊組成的聯合樂隊，其中還用上加農砲以壯聲勢，此一創舉空前而未絕後[19]，日後他也多次運用。

隨後他返回波士頓，繼續與他的樂隊活躍於樂壇，在 1869 年的「全國和平大會五十週年會慶」，與 1872 年的「世界和平大會五十週年會慶」演出而一舉聞名於世[20]。1873 年他接受邀請，前去訓練紐約「第二十二軍團樂隊」，這支樂隊不久即在職業樂界躍居第一，也是最爲世人熟知的「紀莫爾樂隊」。1870 年代末到 1880 年代全期，經常在紐約的曼哈頓海灘、紀莫爾花園以及聖路易市各大城市演出，之後他們在美國與加拿大巡迴演出，1878 年到歐洲巡演。

從今日回頭看紀莫爾，筆者仍然覺得他在美國管樂的發展上居功厥偉，做爲音樂活動的主辦人和音樂的推廣者，都

---

18 Jon Newsom, "The American Brass Band Movement in the Mid-Nineteenth Century", *The Wind Band It's Repertoire,* New York, Rochester University Press, 1994, P. 88.

19 柴可夫斯基的名曲《1812 序曲》也用上了加農砲，寫於 1880 年，1882 年首演，還在紀莫爾之後。

20 類似今日「音樂節」的活動，爲期十天，除了美國本土的交響樂團、管樂隊之外，還邀請約翰．史特勞斯的樂團、英國禁衛步兵樂團、法國共和衛隊管樂團共襄盛舉。並動員千人交響樂團，爲萬人合唱團伴奏。

少有人能與他匹敵，連批評他最力的對手都不得不承認，他對於推廣好的音樂有貢獻。

紀莫爾樂隊的編制：

2 短笛	1Eb 調短號
2 長笛	4Bb 調短號
2 雙簧管	2 小號
1Ab 調最高音豎笛	2 富魯格號
3Eb 調豎笛	4 法國號
16Bb 調豎笛（8,4,4）	2 中音號
2 低音管	2 次中音號
1 倍低音管	2 粗管上低音號
1 中音豎笛	3 長號
1 低音豎笛	3 本巴敦低音號
1 高音薩克斯風	4 打擊
1 中音薩克斯風	
1 次中音薩克斯風	
1 低（上低？）音薩克斯風	合計 66 名

圖 5-6 紀莫爾

二、蘇沙與蘇沙樂隊

蘇沙的父親是葡萄牙移民，後來成為華盛頓海軍陸戰隊的隊員，母親則來自德國巴伐利亞，他在家裡十個子女中排行老三，是家中長子。1861 年蘇沙六歲，開始學小提琴、樂理及和聲，十三歲時隨父親進入陸戰隊樂隊的預科班、十七歲正式成為軍樂隊的三等樂手。

十九歲退伍，到華盛頓劇院樂團演奏小提琴，1876 年，法國作曲家奧芬巴哈到美國上演他的歌劇，蘇沙就是在他的指揮下演奏。由於一個偶然的機會，蘇沙執起指揮棒担任指揮，也逐漸以指揮嶄露頭角。1880 年陸戰隊樂隊招聘指揮，年僅二十六歲的他，被錄用為這個已有 105 年歷史的樂隊的第十四任指揮兼隊長。

圖 5-7 蘇沙

在此之前，由於民間樂隊的競爭（如紀莫爾），「海陸樂隊」的名氣及實力已大不如前，蘇沙接手之後，勵精圖治，首先向歐洲的英德法等國訂購大量樂譜，如華格納、白遼士、柴可夫斯基等人的作品，以提升演奏技術。並且把原為三十人編制的小樂隊，擴充為五十人。在他領導的十二年裡，這支樂隊成為美國最好的樂隊，也是世上著名的優秀樂隊。

1891 年，蘇沙在布雷克利（David Blakely）協助下，領導「美國陸戰隊軍樂隊」，作過短暫的全國旅行演奏，所到之處都大受歡迎，人們都希望一睹他的風采，並欣賞這支全美最好的樂隊。在擔任陸戰隊指揮期間，他也寫下了《忠誠》、《雷神》、《華盛頓郵報》和《學生軍》等著名的進行曲。

其實，蘇沙的經理就是當年紀莫爾麾下的大將，翌年，布雷克雷進一步說服了蘇沙，要他自軍中退伍，並自組職業管樂團。十九世紀末的美國，由於工商日益發達，社會上的各種活動對樂隊的需求日殷，那時常有博覽會、鐵路通車、大建築落成等慶祝活動需要樂隊，蘇沙也嘗試售票音樂會的作法，爲了更靈活地應付這些需求，他決定自組樂隊。遂於 1892 年 7 月辭去陸戰隊樂隊指揮的職務，另組「新陸戰隊樂隊」，旋即因爲名稱問題更名爲「蘇沙樂隊」（圖 6-6）。「蘇沙樂隊」首次演出是在紀莫爾逝世後二日 — 1892 年的 9 月 26 日，紀莫爾去世後，許多演出合同都移轉到「蘇沙樂隊」。

他除了率領樂隊在全美和加拿大巡迴之外，1900 年更代表美國，參加在巴黎舉行的萬國博覽會中表演，對美國音樂以及管樂團發展有很大的貢獻。蘇沙樂隊的成功，在全美數以萬計的樂隊中獨樹一格，脫穎而出，自然有它的條件和特色。蘇沙自己曾不止一次提到：他的樂隊是娛樂用的，不是教育用的，要演奏觀眾想聽的音樂[21]。除了動人的蘇沙進行曲之外，華麗的音響、高超的演奏技巧、精心設計的曲目都

21 Richard Franko Goldman, *The Wind, It's literature and Technique,* Boston: Allyn and Bacon, 1961. p. 73.

與眾不同；另外他網羅了當時最傑出的獨奏家，如小號演奏家克拉克（H. Clarke），長號演奏家普萊爾（A. Pryor）以及女高音慕笛（M. Moody）等人，在音樂會中擔任獨奏（唱），也使蘇沙樂隊出色不少[22]。

圖 5-8 蘇沙領導的海軍陸戰隊樂隊

蘇沙樂隊的編制一（初期）：

2 長笛	4 短號
2 雙簧管	2 小號
2Eb 調豎笛	4 法國號
14Bb 調豎笛（8,4,4）	3 長號
1 中音豎笛	2 粗管上低音號
1 低音豎笛	3 本巴敦低音號
2 低音管	3 打擊
3 薩克斯風	合計 49 名

22 Paul E. Bierley, *Jean-philip Sousa, American Phenomenon,* Miami, Warner Brother Publication, 2001. p. 58.

蘇沙樂隊的編制二（最大）：

6 長笛（含短笛）	6 調短號（4,2）
2 雙簧管	2 小號
1 英國管	4 法國號
26Bb 調豎笛（14,6,6）	4 長號
1 中音豎笛	2 粗管上低音號
1 低音豎笛	3 蘇沙號（低音號）
2 低音管	3 打擊
4 中音薩克斯風	
2 次中音薩克斯風	
1 上低音薩克斯風	
1 低音薩克斯風	合計 75 名

圖 5-9 蘇沙樂隊

被後人稱爲「進行曲之王」的蘇沙，在音樂上的成就是在傳統的框框中，注入新的生命活水，使得進行曲這種源自歐洲的老曲式，在他手中脫胎換骨，並成爲最能代表美國精神的文化表徵。在他的自傳中曾寫道：「作曲家的首要之務在製造色彩、力度、抑揚的變化，也要強調說故事的特質」。因此他的進行曲結構雖然簡單（多爲大二段體，第二段稱爲Trio），但是他的旋律具親和力、節奏華麗多彩，有獨到的一面，對位旋律則是歐洲正式進行曲中罕見的，另外每個段落，尤其是反覆部分絕不相同，富有變化，使得蘇沙進行曲受到人們熱烈的歡迎和喜愛。在蘇沙樂隊期間的重要作品有《自由鐘》、《首長》、《棉花大王》、《越洋情誼》和《星條旗永遠飄揚》等名曲。

在布雷克雷的經營下，蘇沙不久開始坐享其利了，翻開美國音樂史，蘇沙可能是一位空前絕後的作曲家，他在國際間的知名程度，所獲頒之獎狀、獎牌以及榮譽學位之多，迄今無人可媲美。

作爲一位作曲家，蘇沙一生共創作了進行曲、歌曲、小歌劇共數百首作品，以爲數 136 首之多的進行曲最爲成功，廣受世人喜愛，其中許多首成爲進行曲的經典之作。

蘇沙進行曲一覽表：[23]

編號	作曲年代	曲　　名	中文曲名
1	1873	Review（Op.5）	閱兵
2	1873	Salutation	敬禮
3	1875	The Phoenix March	鳳凰城
4	1876	Revival March	復活

23 秋山紀夫：March Music 218, 東京，佼成出版社，1985。

5	1876	The Honored Dead	光榮之死
6	1877	Across the Danube（Op.36）	橫渡多瑙河
7	**1878**	**Esprit de Corps（Op.45）**	**部隊精神**
8	1879	Globe and Eagle	地球與鷹
9	1879	On the Tramp	徒步旅行
10	1879	Resumption March	復業
11	1880	Our Flirtation	調情
12	1880	Recognition March（Salutation）	表揚
13	1881	Guide Right	向右
14	1881	In Memoriam	紀念
15	1881	President Garfield's Inauguration March（Op.131）	加菲總統就職
16	1881	Right Forward	向右走
17	1881	The wolverine March	貂熊
18	1881	Yorktown Centennial	約克城百年慶
19	1882	Congress Hall	國會大廈
20	1883	Bohnie Annie Laurie	安妮羅莉
21	1883	Mother Goose	鵝媽媽
22	1883	Pet of the Petticoats	女性寵物
23	1883	Right-Left	左右
24	1883	Transit of Venus	金星淩日
25	1884	The White Plume	白梅
26	1885	Mikado March	天皇
27	1885	Mother Hubbard March	赫芭媽媽
28	1885	Sound Off	靜音
29	1885	Triumph of Time	時間之勝利
30	1886	The Gladiator	格鬥士
31	**1886**	**The Rifle Regiment**	**來福槍隊**
32	1887	The Occidental	西洋
33	1888	Ben Bolt	班布洛
34	1888	The Crusader	十字軍
35	1888	National Fencibles	國防軍
36	**1888**	**Semper Fidelis**	**忠誠**
37	1889	The Picador	騎馬鬥牛士
38	1889	The Quilting Party March	縫紉聚會
39	**1889**	**The Thunderer**	**雷神**
40	**1889**	**The Washington Post**	**華盛頓郵報**
41	1890	Corcoran Cadets	寇克朗士官生
42	**1890**	**The High School Cadets**	**學生軍**

43	1890	The Loyal Legion	忠誠兵團
44	1891	Homeward Bound（1891 or 92）	歸鄉路
45	1892	The Belle of Chicago	芝加哥美女
46	1892	March of the Royal Trumpets	皇家小號
47	1892	On Parade（The Lion Tamer）	遊行
48	1892	The Triton	三全音
49	1893	The Beau Ideal	理想之美
50	**1893**	**The Liberty Bell**	**自由鐘**
51	**1893**	**Manhattan Beach**	**曼哈頓海灘**
52	1894	The Directorate	理事會
53	**1895**	**King Cotton**	**棉花大王**
54	**1896**	**El Capitan**	**首長**
55	**1896**	**The Stars and Stripes Forever**	**星條旗永遠飄揚**
56	1897	The Bride Elect	準新娘
57	1898	The Charlatan	騙子
58	**1899**	**Hands Across the Sea**	**越洋情誼**
59	1899	The Man Behind the Gun	隱身槍手
60	1900	Hail to the Spirit of Liberty	自由精神之讚
61	**1901**	**The Invincible Eagle**	**無敵之鷹**
62	1901	The pride of Pittsburgh （Homage to Pittsburgh）	匹茲堡之光
63	1902	Imperial Edward	皇家愛得華
64	**1903**	**Jack Tar**	**英國水手**
65	1904	The Diplomat	外交官
66	1906	The Free Lance	自由藝人
67	1907	Powhattan's Daughter	波哈頓之女
68	**1908**	**The Fairest of the Fair**	**美中之美**
69	1909	The Glory of the Yankee Navy	美國海軍之光
70	1910	The Federal	聯邦
71	1913	From Maine to Oregon	從緬因到奧勒岡
72	1914	Columbia's Pride	哥倫比亞之光
73	1914	The Lamb's March	小羊
74	1915	The New York Hippodrome	紐約競賽場
75	1915	The Pathfinder of Panama	巴拿馬領航員
76	1916	America First	美國優先
77	1916	Boy Scouts of America	美國童子軍
78	1916	March of the Pan Americans	泛美
79	1917	Liberty Loan	自由公債
80	1917	The Naval Reserve	海軍基地

81	**1917**	**U. S. Field Artillery**	砲兵
82	1917	The White Rose	白玫瑰
83	1917	Wisconsin Forward Forever	威斯康辛永遠前進
84	1918	Anchor and Star	錨與星
85	1918	The Chantyman's March	水手
86	1918	Flags of Freedom	自由之期
87	1918	Sabre and Spurs	軍刀與馬刺
88	1918	Solid Men to the Front	前線勇者
89	1918	USAAC March	陸軍野戰急救隊
90	1918	The Victory Chest	勝利基金
91	1918	The Volunteers	志願軍
92	1918	Wedding March	結婚
93	1918	Bullets and Bayonets	子彈與刺刀
94	1919	The Golden Star	金星
95	1920	Comrades of the Legion	戰友
96	1920	On the Campus	校園巡禮
97	1920	Who's Who in Navy Blue	海軍名人錄
98	1921	Keeping Step with the Union	團結向前走
99	1922	The Dauntless Battalion	不屈的大隊
100	1922	The Gallant Seventh	勇敢的第七營
101	1923	March of the Mitten Men（Power and Glory）	力與光榮
102	1923	Nobles of the Mystic Shrine	神秘殿堂的貴族
103	1924	Ancient and Honorable Artilley Company	榮譽的前砲兵同袍
104	1924	The Black Horse Troop	黑馬中隊
105	1924	Marquette University March	馬奎大學
106	1925	The National Game	棒球大會
107	1925	Universal Peace（1925 or 26）	世界和平
108	1926	The Gridiron Club	葛利迪隆俱樂部
109	1926	Old Ironsides	老鐵甲板號
110	1926	The Pride of the Wolverines	（密西根）貂熊（隊）之光
111	1926	Sesqui-Centennial Exposition March	150 週年博覽會
112	1927	The Atlantic City Pageant	亞特蘭大市慶典
113	1927	Magna Charta	大憲章
114	1927	The Minnesota March	明尼蘇達
115	1927	Riders of the Flag	騎士旗手
116	1928	Golden Jubilee	五十週年慶

117	1928	New Mexico	新墨西哥
118	1928	Prince Charming	迷人王子
119	1928	University of Nebraska	內布拉斯加大學
120	1929	Daughters of Texas	德州女兒
121	1929	La Flor de Sevilla	塞維亞之花
122	1929	Foshay Tower Washington Memorial	佛謝塔 — 華盛頓紀念碑
123	1929	The Royal Welch Fusiliers（No.1）	皇家威爾斯槍隊第一號
124	1929	University of Illinois	伊利諾大學
125	**1930**	**George Washington Bicentennial**	**華盛頓兩百週年**
126	1930	Harmonica Wizard	口琴奇才
127	1930	The Legionnaires	外籍軍團
128	1930	The Royal Welch Fusilier（No.2）	皇家威爾斯槍隊第二號
129	1930	The Salvation Army	救世軍
130	1930	The Wildcats（1930 or 31）	野貓
131	1930	Untitled March	無名
132	1931	The Aviators	飛行員
133	1931	A Century of Progress	進步的世紀
134	1931	The Circumnavigators Club	周遊者俱樂部
135	1931	Kansas Wildcats	堪薩斯野貓
136	1931	The Northern Pines	北國之松

*黑體字為最受歡迎的進行曲。

三、其他的職業管樂團

在世紀遞嬗之際，由於人口增加，鐵路交通發達，使得各色各樣的管樂團都普遍起來，許多樂隊指揮亦成爲二十世紀初世紀家喻戶曉的人物，其中最出名的有：克利埃托（Giuseppe Creatore）、克瑞爾（Bohumir Kryl）、米沙德（Jean Missud）、因奈斯（Frederick Innes）以及稍晚的普萊爾（Arthur Pryor）、康威（Patrick Conway）、荀德曼（Edwin Franko Godman）等，這些人所領導的都是全美最頂尖的職業樂隊。

但好景不常，由於無線電廣與唱片事業的興起，現場公開演奏變得不如以前那麼重要，因此到了二十世紀的三〇年代，這些職業管樂團便逐漸式微了。

四、馬戲團管樂團和遊唱樂隊

馬戲團的管樂團在美國管樂團發展史也佔有一席之地，在管樂發展史上也是極爲特殊，這種樂隊是因爲馬戲團的興起而產生的，他們的功能是爲馬戲團表演時演奏配樂，馬戲音樂原本有它獨特的速度與演奏方式，馬戲團進行曲（Circus march, Screamer）的速度較一般進行曲快（每分鐘約 130-150 拍），樂團編制較小，約二十人上下，1895 年到 1955 年之六十年間，是馬戲團樂隊的黃金時期，著名的馬戲團進行曲的作曲家有金恩（Karl l. King）、紀維爾（Fred Jewell）和費爾摩（Henry Fillmore）。

另一種美式傳統，是十九世紀末出現的「遊唱樂隊」（Minstrel Band）。當時，這種遊唱樂隊如同馬戲樂隊一樣廣受民間歡迎，其中最具代表性的是「紐奧爾良銅管葬禮樂隊」（New Orleans Brass Funeral Band）。在南北戰爭過後的重建時期，南方的慈善性社團如雨後春筍般出現，這類樂隊就專門承辦這些社團會員逝世後的葬禮遊行，通常出殯遊行時，他們會吹奏一些慢拍子的進行曲，葬禮過後他們會回頭演奏些較活潑較快速的曲子，這些樂曲常蘊含早期爵士的主題即興奏型式。像奧利弗（King Oliver）、詹森（Bunk Johnson）、奧利（Kid Ory）與阿姆斯壯（Louis Armstrong），等後來聞名於世的爵士樂家，多出身於這類樂隊。

第六章　二十世紀美國管樂團的發展

第一節　軍樂隊

美國第一個軍樂隊—海軍陸戰隊樂隊在 1798 年成立，但是在整個十九世紀卻沒有增加任何一支其他軍種的樂隊[1]，直到第一次世界大戰後才成立海軍樂隊和陸軍樂隊，空軍樂隊則在第二次世界大戰期間成立。

一、海軍樂隊

海軍樂隊的歷史可追溯到獨立初期巡防艦上的鼓笛與小號樂隊，岸上的樂隊則始於十九世紀建立的海軍學院樂隊，在美國南北戰爭期間茁壯。在第一次世界大戰之初，許多優秀的音樂家加入海軍樂隊。

1916 年，堪薩斯號戰艦上的十六人樂隊，奉命調到華盛頓海軍造船廠，與該處原有之十七人樂隊合併，稱爲「華盛頓海軍造船廠樂隊」，並以該廠爲駐在與排練基地。

1925 年柯立芝總統簽署法案，正式成爲「美國海軍樂

1 美國陸軍成軍於 1775 年，海軍 1794 年，空軍 1947 年。

隊」，是年海軍樂隊首度首次全國巡迴演出。海軍樂隊也出現在許多歷史性場合，包括在 1927 年林白（Charles Lindbergh）的跨大西洋飛行歸來以及兩年後歡迎理查・伯德（Richard Evelyn Byrd）著名的南極飛行歸來。

爲了培養演奏人才，海軍中將賓特（Benter）創立了海軍音樂學院，由軍樂隊的隊員兼任指導教師。

從 1929 年到 1939 年，海軍樂隊的演奏經由 NBC 電台播放。1945 年到 1968 年，廣播節目「海軍時間」專門介紹海軍樂隊的演奏，是美國持續最長期的廣播節目之一。

目前海軍樂隊有 172 名隊員，並依不同任務設有音樂會及典禮樂隊和四個不同小團：合唱團（1956 年設立）、爵士樂團（1969），鄉村流行樂團（1973）和現代音樂合奏團（1999）。

二、陸軍樂隊

第一次世界大戰期間，美國陸軍上將參謀長約翰・潘興（John Joseph Pershing），在歐洲聽到歐式陸軍樂隊樂隊，回國後仿效成立[2]，成立初期就在 RCA 和 CBS 廣播網作廣播演出，並在 1928 年和 1931 年之間，作四次國內巡迴演奏，1929 年赴西班牙的「伊比利亞美洲博覽會」演出。

二戰期間曾奉命開赴北非與歐洲戰場，因此獲頒「戰勳旗帶」。1950 年代起，音樂會和許多知名藝術家和作曲家合作，非常成功。包括大都會歌劇院男低音海因斯、作曲家辛

2 陸軍樂隊之別名爲 Pershing's own，就是紀念他。

德密特和葛人傑等人。

1963 年，樂隊在美國總統約翰・甘乃迪的葬禮上演奏。1970 年代中期成立一些附屬小團包括藍調爵士樂團、銅管五重奏、合唱團及銅管樂團，演出更趨多樣。另外在美國建國兩百週年慶祝活動、普萊西德湖冬季奧運會上、田納西州諾克斯維爾世界博覽會，和 1984 年洛杉磯奧運會上都有受世人矚目的演出。

該樂隊除了曾在曾在著名的卡內基、無線電城音樂廳、林肯中心、好萊塢碗形音樂廳演出之外，也到加拿大，日本和澳洲訪問演出。

三、空軍樂隊

美國空軍樂隊是各軍種樂隊中最年輕的，創始於 1941 年，當時空軍尚未獨立建軍，隸屬陸軍航空兵。爲樂隊定良好基礎的是第二任隊長喬治・霍華德上校（George S. Howard），在他領導的二十年間，他把樂隊帶領成爲斐聲國際的音樂團體。

第二次世界大戰後，樂隊總人數約一百人，他的作法不同於當時的軍樂隊，是最先成立合唱團的，同時他也招募弦樂隊員，成立交響樂團，最特別的是，當時管樂團中用了一組大提琴而沒有薩克斯風[3]，從此成爲該隊的特色。

---

3 根據 1960 年該隊助理指揮莫瑟（Harry H. Meuser）的說法，是因爲當時常演奏管弦樂改編曲，不希望薩克斯風族的樂器掩蓋了他所重複的英國管與法國號的樂器，致使木管樂器失去原有的合奏音色。但隨著演奏管樂曲的機會增加，在 1960 年後期還是加入了薩克斯風，在演奏管弦樂改編曲時，用大提琴而不用薩克斯風；演奏一般管樂曲時用薩克斯風，大提琴則加強上低音號的低音聲部。（Goldman, P. 105.）

1947 年，陸軍航空隊被正式改組爲美國空軍，該樂隊也更名成爲美國空軍樂隊。

多年來，美國空軍樂隊已經作了了二十五次國際巡迴演奏，在五十多個國家演出，可說是美國的國際音樂大使。

空軍樂隊有 177 名團員，分爲管樂團、合唱團、弦樂團、典禮銅管樂團和爵士樂團。這些音樂團體風格廣泛，包括古典、爵士、流行、愛國和典禮音樂。

第二節　學校管樂團

二十世紀美國的發展之不同於歐洲，其最大的關鍵應在於學校管樂教育，歐洲在傳統上，除了音樂學校，樂隊的發展是很少和學校相聯繫的，一方面也是因爲歐洲的學校規模普遍比較小，要在一般學校裡組織樂團或授課有其困難，因此幾百年來，歐洲的樂團都是社區型的，在大城小鎮，甚至人口只有數百的小鄉村，都有管樂隊，其規模有大有小，編制、樂器也不一，有純銅管也有混合的，其成員則老少皆有，如師徒般一代一代的傳承演奏的技術，這些樂隊往往是偉大演奏家的搖籃（尤以銅管演奏者最爲明顯）。

美國雖然也不乏像歐洲的那種社區型樂隊，但是更進一步的以學校教育的機制將它制度化、標準化。美國學校音樂教育的內容受歐洲學校歌唱教學的影響，1832 年梅森(Lowell

Mason, 1792-1872）將歌唱教學導入波士頓地區的學校[4]。雖然十九世紀末美國的管樂團已有了蓬勃的發展，但是直到 19 世紀的 80 年代，器樂教學還一直被忽視。究其原因，首先是早期美國基督教對器樂的排斥，認爲器樂是世俗性的娛樂。另一個原因是，早期美國學校音樂教育的領導人或督學多爲聲樂教學出身，對學校器樂教學的意識淡薄，並且缺乏這方面的能力和經驗，加以各學校校長長期以來不曾把器樂視爲學校音樂教學可行的教學內容，致使美國的學校器樂教學直到十九世紀末才零星地抬起頭來，到二十世紀初才正式納入學校教育體系[5]。

第一次世界大戰前，美國學校器樂教學的興起大致同時沿著三條線索發展：其一是小學管弦樂團教學，其二是小學和中學管樂團教學，其三是單種樂器的課堂教學。

美國學校裡的器樂教學，先有管弦樂、後有管樂，以今日的眼光觀之，似乎有點順序倒置，其實也無不妥，國內的中小學音樂班和大學音樂系情況也相同。

1900 年在高中出現管弦樂團，不過多爲「樂池型」的[6]，1905 年，印第安納州里其蒙市（Richmond），由艾哈特（Will Earhart）組織的樂團最具規模，被視爲美國高中第一個管弦樂團，並在七年內擴張成可比擬職業樂團編制的學生樂團。1907-1908 年間，伊利諾、印第安納、威斯康辛等州的高中

---

4 Frederick Fennell, *Time and the Winds,* Kenosha, G. Leblanc Corporation, p.41.

5 Frank Battisti, *The Winds of Change,* Galeville, Meredith Music, 2002.

6 「樂池」指的是舞台前方可降下的空間，在歌劇或舞蹈演出時，將樂團置於此處，望文生義，「樂池型」的樂團就是作爲歌劇或舞蹈伴奏用的樂團。

圖 6-1 美國小學管樂合奏課

相繼成立管樂團，它們通常和管弦樂團是密不可分的，管樂的學生要在兩團吹奏。

在此時期學校樂團蓬勃發展的原因剛好是教育本身與社會環境兩股情勢相遇的結果，在教育方面，由於學校增設學校，從 1890 到 1915 年間，美國的公立學校成長了一倍，就學人口也大幅增加，教育經費增加，學校能購買樂器，學生之學習慾望與有許多優秀管樂團爲典範；社會方面則因當時美國工業化之經濟成果，造就大量之中產階級，而經濟的繁榮促使社會上的各種競賽、活動、遊行、典禮等的增加，因此有樂隊的需求。

中小學管樂團教學興起的另一個背景，是管樂團的起點往往與管弦樂團的擇生方式不同，學校管弦樂團要求學生具有私人教師授課學習的經驗和基礎，而管樂團教學則是從零起步，而且進步在短期就較明顯。另外，管樂團惹眼的制服、浩大的聲勢以及管樂團的群眾性，很快吸引學生參與，各校也紛紛建立管樂團並納入教學體系。

當時較典型的學校管樂團編制，以《學校音樂》1909 年 3 月刊米斯納的文章所述爲例，包括二支短笛、四支豎笛、二支薩克斯風、四支獨奏短號、二支第二短號、二支第三短號、四支中音號、四支長號、二支上低音號、二支低音號、四個小鼓。

學校管樂團在美國學校確立的基礎，是學校開始對管樂團建設所需樂器與生物、化學、物理實驗室建設一視同仁。例如，奧克蘭市 1913 年對學校管樂團的投資達一萬美元，這在當時應是一筆數目可觀的開支。隨之，大急流城[7]、匹茲堡、克利夫蘭、底特律及其他一些大城市均以相當數目投資建設學校管樂團。1918 年，伊斯曼—柯達公司（Eastman Kodak Company）的創建者伊斯曼（George Eastman）捐贈給羅徹斯特（Rochester）大學價值 15,000 美元的樂器，並在大學內籌建以他爲名的「伊斯曼音樂院」。

第一次世界大戰之後，原來在軍樂隊服役的樂手中有一大批來到學校任器樂教師，因此原本由學校一般音樂教師指導樂團的局面慢慢轉變，同時美國中學也開始實施軍訓課程，這兩個因素使美國幾乎每所學校都建立起管樂團，並正式作爲課程進行教學。

---

7 大急流城（Grand Rapids）是美國密西根州的第二大城市，肯特郡郡治所在地。

根據 1919-1920 年美國教育部的報告[8]，全美各州的學校管弦樂團在數量上還是超過管樂團，尤以中部各州的發展最爲蓬勃，究其原因是許多製造樂器的大廠都設在中部各州，在樂器商的推廣之下迅速發展。還有中西部各州的移民，在傳統上較重視音樂，因此器樂教育也成績斐然。1922 年時，全美約有 200 個學生樂團（含管樂、管弦樂），約 60,000 名學生參與。[9]1927 年全美督學會議在德州達拉斯召開，會中呼籲：「全美國的學校都校在同一標準上，把音樂視爲我國教育的一門基礎」[10]。由於教育當局登高一呼，1929 年驟增到 15,000 至 25,000 個管樂團，25,000 至 35,000 個管弦樂團[11]。

到了 1930 年代，管樂團的發展在數量、人數上都超越管弦樂團，在大學院校的管樂團也因中小學的延續而蓬勃發展，當時百分之六十五大學樂團的人數約爲五十人，百分之八十五的樂團全爲男生。

而因爲歷經經濟大蕭條以及人們的休閒重心漸漸轉向到新興的娛樂如電影、照相上，美國的職業管樂團一一解散，因此社區的活動便轉而求助學校樂團，參加慶典活動、遊行、演奏會等，學校管樂團因此逐漸取代原本職業管樂團與市民樂團及學校管弦樂團的功能。

---

8 Frank Battisti, *The Winds of Change,* Galeville, Meredith Music, 2002, p.218.

9 同註 6，轉引自 Mark Fonder, “An Investigation of the Origin and Development of Four Wisconsin high School band,” （Univ. of Illinois, 1938）.

10 同註 6，轉引自 Joseph E. Maddy, “The school Orchestra and band Movement,” in *Who is Who in music*,（Lee Stern Press, 1941）.

11 同註 6，轉引自 C. M. Tremaine, “As We Go Marching,” *School Musician,* （December 1929）.

美國參與第二次世界大戰使大學樂團指導人力短缺，學校因此修正課程與縮減經費，造成管樂團發展的停滯，也因爲男性團員減少，許多大學的樂團開始招收女生，有些學校甚至成立「女子樂團」。

1950 年代，除了一般的樂隊以外，大學又增加了兩種編制較小的樂團：管樂小合奏團（見第五節）和爵士樂隊。

到 1980 年代，有百分之二十一的高中生參加學校管樂團或管弦樂團，百分之九十七的學校有管樂團[12]。

由一份 1987 年美國高中通識與選修音樂課的數據可看出學生修習的比例[13]：

課程	登記學生數	佔全國高中註冊人數百分比
管樂團	1,111,000	8.8
管弦樂團	86,000	0.7
其他器樂合奏	52,000	0.4
樂器課程	190,000	1.5
合唱團	1,061,000	8.4
通識音樂	61,000	0.5
音樂欣賞	99,000	0.8
理論與作曲	72,000	0.6
合　計	2,732,000	21.7

資料來源：National Center for Educational Statistics

第三節　管樂比賽

隨著管樂團突飛猛進的發展，比賽也應運而生，1919 年

12 Jare T. Humphreys: “Instrumental Music in American Education”, *Journa ofl Band Research,* Vol. 30, No. 2, 1995.

13 Charles R. Hoffer：音樂教育概論，李茂興譯，呂淑玲校閱，臺北，揚智文化，1997。

北達柯達州和奧克拉荷馬州最先舉辦管樂比賽，密西根州和威斯康辛州隨即於次年跟進[14]。1923 年，全美學校管樂團比賽在芝加哥舉行，有三十個管樂團參加，其中半數來自芝加哥鄰近地區。1924 年「國家音樂促進會」與「國家音樂督導會議」決定[15]，在全國大賽前先舉行分區初賽，讓每個地區（州）都有代表參賽。由於當時美國的各州學校管樂團發展步調不同，此令一出，造成代表參賽隊伍數量不足，因此 1924 和 1925 兩年無法舉行全國大賽，到 1926 年才恢復於佛羅里達州舉行。此後到 1936 年間，輪流於愛荷華、伊利諾、科羅拉多、密西根、奧克拉荷馬等州舉辦。根據 1932 年的統計，計有 1,150 支管樂團在四十四個州參賽，1938 年全國大賽由於參賽隊伍眾多，只得將全美分爲八個大區域進行比賽。到了美國參戰前，舉辦了二十幾年的管樂大賽達到高峰，它吸引了大眾對學校音樂的注意，激勵成千上萬的年輕學子學習樂器、參加學校管樂團，也因爲比賽而提升了學校樂團的演奏水準，其週邊效益是讓學校管樂團編制標準化，樂器製造品質的提升與樂譜出版的蓬勃發展，1960 年，美國約有三百萬名學生參加五萬個學校管樂團。

第四節　行進樂隊

大約在二十世紀初，美國大學及高中的體育競賽場上，

14 管弦樂比賽要到 1929 年才在愛荷華州首次舉辦。

15 「全國音樂促進會」：National Bureau for the Advancement of Music（NBAM）；「全國音樂督導會議」：Music Supervisors national Conference（MSNC）.

有組織的樂隊漸漸取代原本以各種聲響甚至「噪音」加油的烏合之眾，每個學校逐漸發展出有自己專屬的加油樂隊。

1907 年，由哈定（A. A. Harding）領軍的伊利諾大學樂隊，在足球場上邊吹奏邊表演排字[16]，此一作法首開風氣之先，接著便有不少大學與高中起而仿效，從此行進樂隊在美式足球賽中場表演成爲慣例。

圖 6-2 鼓號樂隊

爲了增加視覺效果，後來又加入舞者、花棒隊與旗隊。1970 年代，行進樂隊衍生出「鼓號樂隊」（Drum and Bugle Corps），只採用號口朝前的按鍵式銅管樂器。[17]除旗隊和舞

16 http://en.wikipedia.org/wiki/Marching_band，2008/9/19。

17 這種樂隊起源於美國南北戰爭時期的號兵隊，後來有許多地區的海外

者外還加入槍隊（或由旗隊兼）和軍刀等配件。

行進樂隊亦有全國性的比賽，在每年秋天舉行，除了無數地區性的比賽以外，最重要的兩個全國性比賽是：

創始於 1976 年的美國樂隊大賽（Bands of America Marching Band Championship），和美國樂隊協會（The United States Scholastic Band Association）主辦的大賽。

圖 6-3 美式足球場上之行進樂隊

退伍軍人會（VFW）和童子軍協會大力推廣，藉此訓練青少年的紀律和團隊精神，起出他們穿著軍服式的制服、吹軍號，經過多年才演變成今天的樣子。

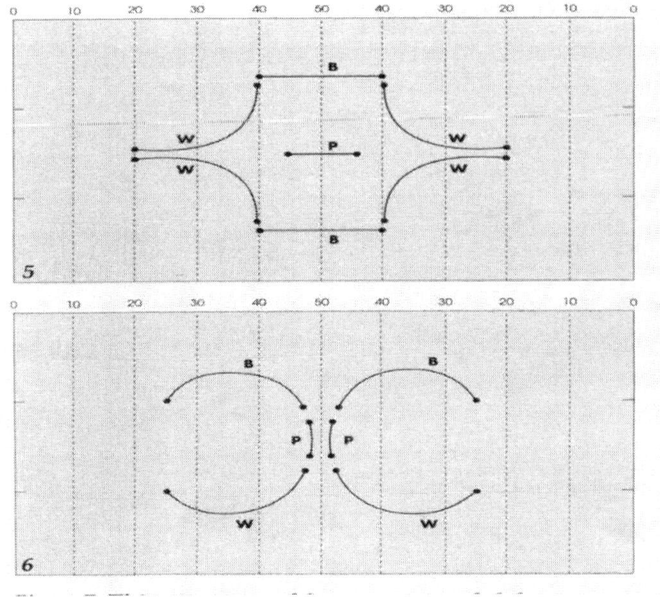

圖 6-4 行進樂隊隊形變化設計圖

第五節　管樂合奏團

由於音樂教育的普及，二次世界大戰後的美國各級學校的管樂團數量及人數屢創新高，管樂團的編制由原本五、六十人的「音樂會管樂團」(Concert band)，擴增到八、九十人，甚至上百人的「交響管樂團」(Symphonic Band) [18]，由下面幾個樂團的編制，可見一斑。

18 例如 1945 年時，密西根大學的管樂團有 100 人，北卡州的雷諾高中（Lenoir）管樂團有 85 人，美國空軍樂隊有 81 人。Frank Battisti, The *Twentieth century American Wind band/Ensemble,* Galeville, Meredith Music, 1995, p.11.

空軍樂隊

6 flutes（all doubling on piccolo）

3.oboes（1 doubling on English horn）

1 Eb clarinet

14 Bb clarinets

1 alto clarinet

1 bass clarinet

4 bassoons(1 doubling on contra bassoon,1 on bass sarrusophone)

2 alto saxophones

2 tenor saxophones

1 baritone saxophone

11 cornets and trumpets

8 horns in F

6 trombones（4 tenor, 2 bass）

3 baritones

4 tubas

4 violoncellos

4 string basses

6 percussion

合計：81 人

密西根大學

8 to 10 flutes

2 to 4 oboes（English horn）

24 to 28 Bb clarinets

3 alto clarinets

3 bass clarinets

3 to 4 bassoons

5 to 6 saxophones（alto,tenor, baritone）

6 to 8 cornets

2 trumpets

6 to 8 French horns

6 trombones

4 baritones or euphoniums

6 tubas

2 string basses

1 or 2 harps

4 to 6 percussion

Eb clarinet and 2 flugel horns are occasionally added

合計：100 人

北卡州雷諾高中樂隊

8 flutes（6 in C and 2 Eb）

2 oboes

24 Bb clarinets（4 solo, 5 1st, 9 2nd, 6 3rd）

2 alto clarinets

3 bass clarinets

3 bassoons

6 saxophones（4 alto, 1tenor, 1 baritone）

12 cornets or trumpets（4 each on 1st, 2nd, and 3rd parts）

7 horns

4 trombones

4 baritones

4 tubas

6 percussion

合計：85 **人**

編制擴大的結果，造成一個聲部往往由數人演奏，在音色和音準上很難一致，而且如此龐大的樂團更難追求音樂的精緻，50 年代的美國管樂界紛紛設法改革和作不同的嘗試。其中以芬奈爾（Frederick Fennell, 1914-2004）在伊斯曼音樂院組的「管樂合奏團」（Wind Ensemble）最爲成功，非但爲管樂團找到一條新路，也開啓了管樂發展史的新頁。

圖 6-5 交響管樂團

在高中時期就已十分活躍的芬奈爾，進了大學以後，先後組了行進樂隊（Marching Band）和室內管樂團，1935 年一月二十五日，「羅徹斯特大學交響管樂團」舉行了首次音樂會，也是芬奈爾首次指揮室內樂隊，後來改名爲「伊斯曼音樂院管樂團」。

畢業之後，芬奈爾考入聖地牙哥交響樂團，但仍把許多心力和時間放在指揮上，1928 年間得到一筆獎助金，到奧地利薩爾茲堡莫札特學院，向佛特萬格勒等大師學習。

返回羅徹斯特，他面臨兩個值得思考的問題，那就是管樂團的編制不斷擴張，到這時已有九十八人，但編制卻很不合理，完全無法獲得正確的平衡。另外，管樂團也沒有足夠、適合的曲目，因此促成他創立「伊斯曼管樂合奏團」和致力於徵求更多好的管樂作品。

圖 6-6 1938 年在薩爾茲堡的芬奈爾（第二排左一）

芬奈爾在奧地利欣賞過小合奏團演奏莫札特的小夜曲等音樂，使他對管樂團的曲目與音色開了眼界，和他原本在伊斯曼所受的訓練有些出入。他思索在這種管樂室內樂和大型管樂團之間的折衷作法[19]，於是在1951年他安排了一場偏向小編制的演奏會，曲目包括十六世紀初威尼斯樂派的噶布里埃利的銅管合奏曲、貝多芬的長號四重奏「哀歌」，以及莫札特和理查史特勞斯的管樂小夜曲，最後以史特拉汶斯基的管樂交響曲結尾，並邀請音樂院中的教授參加音樂會，向他們作解說，結果得到極好的反應。

這場音樂會與其說是「管樂團」或「管樂團」的演奏會，倒不如說是擴大的管樂室內樂演奏，因爲噶布里埃利的純銅管、莫札特和史特勞斯只用了十來件樂器，史特拉汶斯基也只用交響樂團中的管樂部分（沒有薩克斯風族）。經過那一場音樂會之後，他覺得應該有一個只包含木管、銅管和打擊組，編制較小的團體，但是要能演奏從十六世紀的銅管樂到現代編制的室內樂，以及辛德密特的新交響曲，他參考英國軍樂隊的編制，再加上史特拉汶斯基的管樂配器，每一聲部幾乎都由一人擔任（豎笛和低音號除外），這樣就可以得到像管絃樂團中管樂組的純淨音色。甚至在座位的安排上也是和管絃樂團一樣採橫列法，和傳統管樂團的大馬蹄形成半圓形不同，對於這樣的組合，芬奈爾取個新名字：管樂合奏團。

對於這樣的心編制，其重點不只在於演奏者所得出的音響效果，更重要的是，他希望這種新的「音源」（sound resource），以固定的編制漲作曲家有所依循，進而提高寫作管樂曲的意願。

---

19 磯田健一郎、古園麻子：MUSIC — 芬奈爾自述，東京，音樂之友出版社，2002，頁204。

EASTMAN SCHOOL OF MUSIC

Of The University of Rochester

KILBOURN HALL

CONCERT OF MUSIC FOR WIND INSTRUMENTS

Performed by Students from the Orchestral Department

Under the Direction of

FREDERICK FENNELL

PROGRAM

Ricercare for Wind Instruments (1559)	ADRIAN WILLAERT (1480-1562)
Canzon XXVI (Bergamasca) for Five Instruments	SAMUEL SCHEIDT (1587-1654)
Motet: Tui Sunt Coeli for Eight-voice Double Brass Choir	ORLANDO DI LASSO (1532-1594)
Sonata pian e forte Canzon Noni Toni a. 12 from *Sacre Symphoniae* (1597)	GIOVANNI GABRIELI (1557-1612)
Suite No. 2 for Brass Instruments (Turmmusik) (1685) Courante Intrada Bal Sarabande Gigue	JOHANN PEZEL (1639-1694)
Three Equale for Four Trombones (1812) Andante Poco adagio Poco sostenuto Played by 25 trombone students from the class of Emory Remington	LUDWIG VAN BEETHOVEN (1770-1827)

INTERMISSION—*ten minutes*

Serenade No. 10 in B flat major for Wind Instruments (K. V. 361) (1781) Largo—Allegro molto Menuetto Adagio Menuetto—Allegretto Romanze—Adagio Thema mit Variationen—Andante Rondo—Allegro molto	WOLFGANG AMADEUS MOZART (1756-1791)

INTERMISSION—*five minutes*

Serenade in E flat major, Opus 7 (1881) for Thirteen Wind Instruments	RICHARD STRAUSS (1864-1949)
Angels, from "Men and Angels" (1921) for multiple Brass Choir	CARL RUGGLES (1876-　)
Symphonies for Wind Instruments (1920) in Memory of Claude Debussy	IGOR STRAVINSKY (1882-　)

At 8:15 o'clock, Monday
February 5, 1951

圖 6-7 首演節目單

在芬奈爾的構想中，管樂合奏團理想的編制是：

2 短笛與長笛

2 雙簧管與英國管

4 低音管與倍低音管

1 Eb 調豎笛

8 Bb 調豎笛（可分成數部或減少人數）

2 中音薩克斯風

1 次中音薩克斯風

1 上低音薩克斯風

3 短號

2 小號（如不用短號則爲小號）

4 法國號

3 長號

2 上低音號

1 Eb 低音號

1 或 2 Bb 低音號

打擊若干名

半個世紀以來，芬奈爾所創的這個管樂合奏新形式，影響了全世界，在每個發展西式管樂的國家都有，可說是二十世紀管樂史上最重要的大事。

從今日回顧此一將近六十年前的變革，芬奈爾理想並未像革命那樣，「打倒」舊有的管樂團，而是增加了一個新的選項。當時這種改革並未得到「美國管樂團指揮協會」（ABA）和「管樂團指揮協會」（CBDNA）的支持[20]，原因是面對傳統的管樂曲，尤其大量的管弦樂改編曲，樂隊指揮門一致的疑慮是，如此少量的木管樂器，如何能和數量相近的銅管組相抗衡？而且聲音雖然乾淨，但是缺乏管樂團原有的宏偉感。在曲目方面也是個大問題，雖然芬奈爾極力向作曲家邀曲，但礙於市場考量，在這些年中，大部分的樂曲還是以較

20 此處之 CB 爲 Concert Band 之縮寫，Concert Band 之稱呼係有別於 Marching Band，但譯爲「音樂會管樂團」或「室內管樂團」都較爲拗口與容易誤導，因其他編制之樂團都另有特別稱呼，不易混淆，在此書中單譯爲「管樂團」。

大編制的樂團爲對象。另外如果它最適合於演奏史特拉文斯基的「管樂交響曲」或莫札特的「小夜曲」型式的音樂，又往往流於交響樂團管樂組的室內樂，那麼管樂合奏團存在的理由何在？

有關編制的問題，似乎從管樂團存在之日起，就是個爭論不休的議題，如同荀德曼所言：「這世上有多少指揮，就有多少種編制。」誠然，有的指揮喜歡如交響樂團般宏大的音響，有人喜歡澄淨透明的音色，有人喜歡亮麗，或有人喜歡偏暗的，這些想法就會成爲設定編制的指導原則，從十九世紀至今歐美有名樂隊的編制，可看出各個樂團指揮的音色觀念，遂形成各個樂隊特有的音色。

樂隊	木管	銅管
魏普列赫 1867	39	40
紀莫爾 1878	35	27
蘇沙 1893	27	19
蘇沙 1900	48	24
荀德曼 1930	32	24
霍華德（空軍樂隊）1945	35	32
雷弗利（密西根大學）1956	63	33

到了 1960 年代，管樂小合奏團的概念在大學院校以慢慢被接受，許多學校除了管樂團之外，也設了小合奏團，有的採學生分開選修制，有的採取從大團中再選出小團的菁英制，而兩者演奏的音樂也逐漸有區別。

針對一般學校樂團的需求，也希望好的作曲家爲管樂團作曲，1960 年，在室內管樂團指揮協會的特別研討會上，訂出以下之管樂團理想編制：

1 piccolo	一部
6 flute	二或三部
2 oboe	二部
1 English horn	一人（或由 Oboe 兼）
2 bassoon	二部
1 E-flat clarinet	
18 B-flat clarinet	二部
6 E-flat alto clarinet	
3 B-flat bass clarinet	
2 E-flat contrabass clarinet	
1 B-flat soprano saxophone	直式
1 E-flat alto saxphone	
1 B-flat tenor saxophone	
1 E-flat baritone saxophone	
1 B-flat bass saxophone	
1 E-flat cornet	
3 B-flat cornet	二部
3 B-flat trumpet	二部
4 horn	四部
3 trombone	二部
1 bass trombone	
3 euphonium	一或二部
3 BB-flat tuba	一部
5 percussion	

合計：73 人

這個編制表最值得注意的是豎笛組，除了降 B 調豎笛的數量爲管樂合奏團的一倍之外，最特別的是六支中音豎笛以及三支低音豎笛與兩支倍低音豎笛，要建構如管弦樂團弦樂主體般的音色群的企圖很明顯，但由這些樂器比較昂貴，一般學校很難照辦，因此如中音豎笛一直都是重複豎笛低音聲部中音薩克斯風的角色。

倒是在 1960 年代仍活躍的苟德曼管樂團，成爲當時管樂團比較普遍被接受的編制：

1 piccolo
3 flutes
2 oboes（2nd doubling on English horn）
1 Eb clarinet
19 Bb clarinets（1st,2nd,3rd）
1 bass clarinet
2 bassoons
1 alto saxophone
1 tenor saxophone
1 baritone saxophone
4 cornets
3 trumpets
4 horns in F
6 trombones（4 tenor, 2 bass）
2 euphoniums
4 tubas
1 string bass
1 harp
3 percussion

合計：60 人

在管樂團發展的過程中，出現了非常多不同的名稱，在十九世紀，以管樂器合奏的團體一律稱爲軍樂隊（Mlitary Band），後來有了紀莫爾和蘇沙的職業管樂團則因除去軍事色彩而只稱 Band，英國人習稱 Wind Band，到了二十世紀因有行進樂隊出現（Marching Band）出現，爲了和戶外演出的行進樂隊有所區別，因而稱室內演出的爲管樂團（Concert Band），這個用法首見於哈定的伊利諾大學管樂團，但隨著美國學校管樂團人數之急遽增加，超過百人的也不在少數，加以當時演奏曲以改編交響樂團的音樂爲主，樂隊的樂器也很多樣，因此稱「交響管樂團」（Symphonic Band 如伊利諾大學，或 Symphony Band，如密西根大學）。

1952 年伊斯曼管樂合奏團（Wind Ensemble）問世之後，管樂團就開始有各式各樣的名稱，如 Symphonic wind Ensemble，最早見於伊斯曼管樂合奏團的水晶唱片系列上，其實是個矛盾的名稱，因爲管樂合奏團是較小的編制，冠上 Symphonic 之後又會讓人聯想到 Symphonic Band。Symphonic Winds, Wind Orchestra, Wind Symphony 則是 1970 年代後的產物，分別用在 Cleveland Symphonic Winds, Kosei Wind Orchestra，以及 Dallas Wind Symphony，其實這些樂團都是的編制，作曲家呂德（Alfred Reed）就曾說：「當我用 Wind Orchestra 一詞時，其實指的就是 Wind Ensemble」[21]。綜合以上所述，在規模上，可整理如下：Symphonic Band＞Concert Band＞Wind Ensemble。

---

21 “Alfred Reed , Composer of our Time”, *Instrumentalist,* March, 1979.

第七章　日本管樂團的發展

由於日本和我國的地理位置接近，加上曾經統治臺灣五十年，現代臺灣的生活、社會及文化方面，受日本的影響很大，而日本在音樂上值得我們借鏡之處頗多，尤其在管樂團的發展、普及上，已經絲毫不比歐美遜色，甚至挾其數十年的經濟優勢，充分運用現代科技，提升管樂的教學和深化推廣方面，已走在歐美之前，因此有必要對日本的管樂發展作一番研究，以作爲同爲亞洲國家、同樣把管樂團視爲「舶來品」的臺灣反思與學習。

第一節　軍樂隊

十九世紀時西方音樂是藉著軍樂隊進入日本的，1841年，也就是德川時代的天保年間，日人高島秋帆在長崎按照荷蘭軍樂隊的樣式[1]，組成一支由鼓和管樂器組成的樂隊[2]。1869 年，薩摩藩選派三十名士兵到橫濱，接受英國人芬頓

1 荷蘭人在十七世紀時就和日本有貿易往來，在長崎居住的僑民曾組織樂隊。
2 片山正見：吹奏樂講座 — 日本の吹奏樂，海軍軍樂隊，東京，音樂之友社，1983，頁 141。

（John W. Fenton, 1829-?）的訓練[3]，組成了第一支配備歐洲樂器的軍樂隊。1871 年日本軍隊改制，陸軍與海軍分別成立軍樂隊。

海軍樂隊由芬頓任教官，樂隊的編制事實上是以英式銅管樂隊為基礎，再加上短笛與豎笛組而成的。十年後，德國軍樂隊指揮埃克特（Franz Ekekert, 1852-1916）受聘擔任海軍樂隊的訓練任務，他以規劃者、教師和指揮的身份長期在日本活動，也編纂了許多音樂理論的書籍，對日本軍樂的發展有很大的貢獻。

陸軍樂隊則聘法國人塔克隆為教官，因此自 1872 年到 1945 年，陸軍樂隊在樂譜、樂器、裝備方面都是法國式的，有別於海軍樂隊的英、德式。塔克隆邀請法國及義大利演奏家到日本指導銅管與木管，也選派隊員到法國留學[4]。1884 年陸軍樂隊聘請原法國第七十八連隊樂隊長勒樂（G. Leleux）擔任教官，他任職的四年間，樂隊演奏水準大幅提昇，他並教導隊員和聲學、對位法、樂器學、管弦樂法等，為陸軍樂隊奠下紮實的基礎[5]。

十九世紀的最後二十年間，陸軍樂隊積極派員到歐洲各國考察、學習軍樂，包括法國、德國、英國、義大利，此後日本軍樂隊也和歐洲各國一樣，改造成現代化的軍樂隊。在

---

3 芬頓原屬英國海軍軍樂隊，並曾在 1869 年為近代日本第一首國歌《君之代》作曲（此為舊曲，現用的為日人所作）。1989 年，日人在橫濱妙香寺立碑紀念他。

4 共有兩名，在巴黎高等音樂院留學七年，古矢弘政後來成為第四任隊長，工藤貞次成為第五任隊長。

5 須摩洋朔：吹奏樂講座 — 日本の吹奏樂，陸軍軍樂隊，東京，音樂之友社，1983，頁 126。

中日甲午戰爭、日俄戰爭、八國聯軍[6]、中日戰爭和太平洋戰爭中，軍樂隊都曾開赴前線演奏，直到 1945 年日本戰敗，軍隊解散，陸海軍樂隊也隨之走入歷史[7]。

1945 年（昭和 20 年）8 月 15 日，日本投降，美軍佔領日本，改日本天皇制爲君主立憲制，天皇作爲日本的象徵被保留下來，但廢除軍隊，只保留自衛部隊。依循原三軍之例，陸、海、空自衛隊皆設有樂隊，但並非沿用而是重組。

（一）陸上自衛隊音樂隊[8]

1951 年向全日本徵募，經考試選出四十五名隊員，1952 年改名「保安隊音樂隊」，1954 年改名「陸上自衛隊中央音

圖 7-1 1960 年代之陸上自衛隊中央音樂隊

6 日本史稱「北清事變」。
7 吹奏樂講座：日本の吹奏樂，須摩洋朔：陸軍軍樂隊，東京，音樂之友社，1983，頁 137。
8 須摩洋朔：吹奏樂講座 — 日本の吹奏樂，「陸上自衛隊音樂隊」，東京，音樂之友社，1983，頁 157。

樂隊」，並擴編爲七十五名。1960 年增設北部（札幌）、東北（仙台）、東部（東京港區）、中部（伊丹）和西部（熊本）分隊，各分隊編制爲十八名，1975 年擴編爲五十二名。同年各師團也設立樂隊，編制爲十二至三十六人不等。目前全體陸上自衛隊音樂隊約有隊員 1500 餘名，其中最具代表性的中央音樂隊有 103 名。

（二）海上自衛隊音樂隊[9]

1950 年設立，最初爲「海上保安廳音樂隊」，除了新招募之外也有原海軍樂隊隊員加入，次年十月委託東京藝術大學對隊員施以樂器演奏法與歌唱訓練。1954 年日本「自衛隊法」頒佈施行，原保安廳警備隊改名海上自衛隊，音樂隊以亦隨之更名。該隊之演奏活動與海上自衛隊之艦隊息息相關，曾多次訪問亞洲、非洲、歐洲及美洲各國。

（三）航空自衛隊音樂隊[10]

有鑑於陸、海自衛隊皆已成立樂隊，1958 年自陸上自衛隊音樂隊借調副隊長松本秀喜在內之三名隊員，於濱松基地成立航空自衛隊音樂隊，最初編制只有十八名，次年納入正式編制，稱「航空音樂隊」，擴編爲四十五名。除了部隊之例行勤務演奏之外，自 1962 年起，每年九月在東京厚生年金會館舉行「家庭音樂會」，是該團特色，1982 年改名「航空中

9 片山正見：吹奏樂講座 — 日本の吹奏樂，「海上自衛隊音樂隊」，東京，音樂之友社，1983，頁 163。

10 松本秀喜：吹奏樂講座 — 日本の吹奏樂，「航空自衛隊音樂隊」，東京，音樂之友社，1983，頁 165。

央音樂隊」。目前除了航空中央音樂隊之外，尚有「北部航空音樂隊」（青森）、「中部航空音樂隊」（靜崗縣濱松南）和「西部航空音樂隊」（福岡）。

由於日本之兵役制度爲募兵制，現代軍樂隊隊員之來源多爲音樂科系主修管樂演奏之畢業生，甚至不乏自歐美留學歸來者，因此其水準很高，除了各軍種及國家慶典等勤務演出之外，也舉行一般的音樂會，並仿效歐洲軍樂隊的傳統常作戶外演出，以娛軍民。

第二節　公立管樂團

雖然近代團發展至今已經兩百餘年，但是除了軍樂隊以外，即便在歐美諸國，真正的全職的職業管樂團並不多見，而日本有一個將近百年的公立管樂團，實屬難得，這個樂團就是 1923 年成立、至今仍活躍的「大阪市音樂團」，舊稱「大阪市音樂隊」，其緣起爲原駐大阪的「第四軍團音樂隊」，該樂隊自 1888 年起，不只擔任軍方勤務演奏，也參與市政當局的各式典禮、學校甚至公園的演奏會，是大阪市的音樂主幹。

1923 年軍方縮減編制，裁撤了該軍樂隊，當時的五十三位隊員，大部分歸建到「陸軍戶山學校」軍樂隊，其餘離開軍職，轉到「寶塚歌劇團」擔任樂手。大阪市民頓失此一重要的樂團，因此極力要求市政當局成立「市民樂團」。同年五月，由於「極東選手權競技大會」舉辦在即，應市政府要求，原軍團樂隊副隊長林亘召集舊部，返隊者十七名，向軍方借用樂器、樂譜，擔任大會演奏樂隊。八月一日（一說爲七月十八日）「大阪市音樂隊」正式成立，採取會員制。由第四軍團副司令擔任會長，大阪市長、第四師團長任顧問，林亘擔任樂長（指揮）。並於同年十月正式演出，其經費來自大阪市的補助以及演奏會的收入。

1929 年該隊遷入專屬音樂廳「天王寺音樂堂」，1934 年該團納入大阪市正式編制，團員成爲大阪市政府的正式雇員，1946 年改團名爲「大阪市音樂團」，1982 年團址遷到大阪城音樂堂。

作爲一個公立的管樂團，大阪市音樂團的業務範圍包括[11]：大阪市官方活動及典禮的演奏，定期演奏會，「三越」音樂會[12]，青少年音樂會，午餐音樂會[13]，春季演奏會[14]，校園音樂欣賞會和舉辦青少年與市民講習會（音樂營）。

第三節　民間職業管樂團

隨著日本管樂教育的成功，管樂團隊急速增加，也造就了龐大的消費、欣賞的人口，日本在 1960 年代有了民間經營的職業管樂團。最早成立、最具有代表性、水準最高的管樂團首推「東京佼成管樂團」（Tokyo Kosei Wind Orchestra，縮

---

11 進井英士：吹奏樂講座 — 日本の吹奏樂，大阪市音樂團，東京，音樂之友社，1983，頁 188。
12 與三越百貨合作，自 1952 年至 1980 年間，計演出 242 場。
13 每年春秋兩季（四月與十月），在中之島戶外音樂廳舉行，於午休時間演出四十五分鐘，供上班族欣賞。
14 1983 年起每年春季，在櫻花盛開的大阪城公園舉行。

寫 TKWO），1960 年五月由日本的佛教團體「立正佼成會」贊助成立，原名「佼成交響管樂團」（Kosei Symphony Band），創團團長水島數雄是陸軍軍樂隊的士官，1962 年在東京舉行第一次定期演奏會，自此每年在日本各地舉行各種類型的音樂會，對日本的管樂發展功不可沒。1970 年佛教佼成會在東京蓋了一座可容納五千人的「普門館」，作爲該團的練習以及演出場所，1973 年十二月該團重新整編，並且改成目前的團名，編制比照伊斯曼管樂合奏團，脫離了大管樂團的色彩，不論就曲目或演出型態，都朝著更精緻的方向，該團除了定期演奏會還常常舉行特別的演奏會，如社區、學校等推廣音樂會，慈善演奏、巡迴演出、音樂比賽指定曲示範演奏等等。

1984 年該團請到美國伊斯曼管樂合奏團的創辦人芬奈爾博士擔任常任指揮，在他的帶領下，風格更接近美式，而這位已退休的管樂大師，也在日本人強大的經濟支持下，重拾當年在伊斯曼的理想。當年在伊斯曼所錄製的「管樂經典」可說全部用更先進的技術重新錄製。

筆者認爲，芬奈爾的領導，是「佼成交響管樂團」，能更上層樓的轉捩點，除了西洋軍樂隊剛進入日本的時期，日本管樂團已經有很長的時間，沒有夠份量西方人擔任常任指揮，以芬奈爾對管樂合奏團與管樂曲目之熟稔[15]，和其指揮至音樂上的造詣，讓該團脫胎換骨，不論在演出風格或音響上，都屬於美式樂團的。

由於該團於 1985 年在筑波所舉行的世界博覽會、1988

15 「佼成」雖名爲 Wind Orchestra，但其編制是伊斯曼式的 Wind Ensemble。

年瀨戶大橋通車典禮，以及幾個重大慶典上的演出，使得這個在日本少有的職業管樂團，擁有全國性的知名度。佼成管樂團在國際上獲得肯定，是在 1989 年該團首次應邀出國於荷蘭舉行的第四屆世界管樂大會上的演出，在大師芬奈爾的指揮下，讓管樂團發源地 — 歐洲的觀眾大爲驚訝，接下來在奧地利、瑞士、法國、英國的巡迴演奏也獲得極高的評價，自此該團躋身於世界第一流管樂團之列，1991 年獲頒「第一屆日本管樂學院獎」。此後除了每年在日本國內的巡迴演奏之外，也是國外音樂節的常客。

歷經芬奈爾整整二十年的經營，該樂團已經成爲代表日本管樂團的典範。2004 年英國籍指揮波士托克（Douglas Bostock）接替年事已高的芬奈爾擔任常任指揮，2004 年芬奈爾逝世，2006 波士托克轉任首席客席指揮。

圖 7-2 芬奈爾與東京佼成管樂團

第四節　管樂合奏比賽

隨著各級管樂團的發展，管樂合奏的比賽在日本也非常的興盛，就參賽團體數和參與人數而言，在世界上都是數一數二的，由於比賽對日本管樂團的發展影響甚鉅，在此一一簡介，目前日本較爲重要的管樂比賽有下列幾項：

（一）全日本吹奏樂大賽（全日本吹奏樂コンクール）[16]

這是日本最重要、規模最大的管樂合奏比賽，由社團法人「全日本吹奏樂聯盟」和朝日新聞社共同主辦，全日本吹奏樂聯盟成立於 1939 年，[17]1973 年社團法人化，爲日本政府文化科學省文化廳主管的全國性組織，[18]目前全日本共有十一個支部，[19]比賽先由各支部辦理初賽，優勝隊伍再參加全國大賽。[20]1970 年以前成績評定的方式爲「名次制」，1970 起改爲「等第制」，只評定「金賞」、「銀賞」和「銅賞」，在各等第內亦不分名次。

首屆於 1940 年舉辦，辦了三屆之後因戰爭而停辦，直到 1956 才恢復舉辦，至 2007 年爲第五十五屆。由於 1960 年代起，日本的經濟快速發展，帶動國民所得提高與教育的

16 日本多種比賽用的コンクール一字來自法文 Concours（比賽）。
17 原名「大日本吹奏樂聯盟」（日文爲連盟），1956 年改爲今名。
18 www.ajba.or.jp, 2007.10.28.
19 北海道、東北、東關東、西關東、東京、北陸、東海、關西、中國、四國、九州。
20 1972 年起固定於東京之「普門館」舉行，有「管樂的甲子園」之稱。

質與量的提升，各級的管樂團也有驚人的成長，自 1962 至 2006 的四十於年間，參加全日本管樂合奏大賽參賽隊數從 651 隊增至 10,585 隊，成長了十六倍多。

全日本吹奏樂聯盟加盟團隊數（2004 年）[21]

全國合計	國小	國中	高中	大學	職場	一般	合計
	1,015	6,856	3,716	322	118	1,768	13,795

全日本管樂合奏大賽參賽隊數（1962 年）[22]

全國合計[23]	國中	高中	大學	職場	一般	合計
	335	252	15	38	11	651

全日本管樂合奏大賽參賽隊數（2006 年）[24]

全國合計[25]	國中			高中			大學	職場	一般	合計
	A	B	計	A	B	計				
	2,376	4,173	6,549	1,528	1,750	3,278	177	27	554	10,585

和大部分的音樂比賽一樣，參賽隊伍要演奏指定曲、自選曲各一首。

A.指定曲

早年比賽的指定曲，日本的和西洋的樂曲兼有，且多爲進行曲，1964 年起才有進行曲以外的作品，[26]1966 年起主辦

---

21 吹奏樂雜學委員會：吹奏樂雜學事典，東京，YAMAHA 音樂媒體事業部，2006，頁 57。

22 大石清：吹奏樂講座 — 日本の吹奏樂，業餘樂隊的歷史，東京，音樂之友社，1983，頁 206。

23 國、高中之 A 組爲大編制，B 組爲小編制；「職場」指的是同一企業、公司成員組成的樂團，如「山葉管樂團」；「一般」指的是非特定對象組成的樂團，如「名古屋市民管樂團」。

24 http://ja.wikipedia.org/wiki/全日本吹奏楽コンクール，2007.10.29。

25 國、高中之 A 組爲大編制，B 組爲小編制；「職場」指的是同一企業、公司成員組成的樂團，如「山葉管樂團」；「一般」指的是非特定對象組成的樂團，如「名古屋市民管樂團」。

26 日本作曲家兼田敏的作品「青年之歌」。

單位以委託創作的方式產生指定曲，從此比賽指定曲幾乎都採用日本作曲家的作品，[27]1991 年起獲得朝日作曲獎的作品也會選爲指定曲。[28]

在管樂合奏大賽的規則中，對指定曲的規定也隨著時代的變遷與管樂團發展的現況而修正，綜觀五十年來的指定曲，「進行曲」仍佔有重要的地位。下表爲歷屆管樂合奏大賽的指定曲與規定：[29]

屆次	西元	進行曲	其他	規定	備註
1	1940	2		分爲「管樂團」、「喇叭隊」（銅管樂團）和「鼓笛隊」	
2	1941	4			
3	1942	8			室內與行進各四首
4-6	1956-58	4		國中、高中、大學（含一般）、職場各一首	
7	1959	3		國中、高中、大學（含一般、職場）各一首	
8-11	1960-63	2		國中一首、其他（含高中、大學、一般、職場）一首	
12	1964		2		
13	1965		3	國中、高中（含職場）、大學（含一般）各一首	
14-18	1966-70		2	國中一首、其他（含高中、大學、一般、職場）一首	
19	1971	2			
20-21	1972-3	1	1		
22	1974		2	指定曲以 AB 標記，不分組	
23	1975		4	AB 爲國中，CD 爲其他	開始委請樂團錄製示範帶[30]
24	1976		4	不分組，可自由選擇	

27 1970 年除外，1978 年委託美國作曲家 Robert Jager 和 William Francis McBeth 作曲。

28 1990 年起由全日本吹奏樂聯盟和朝日新聞社共同創立主辦，以開發新的管樂合奏曲目和徵選比賽指定曲爲目的。

29 http://ja.wikipedia.org/wiki/全日本吹奏楽コンクール，2008.4.9。

30 1975 年航空自衛隊音樂隊，1976 陸上自衛隊中央音樂隊，1977-98 東京佼成管樂團，1999 起由大阪市音樂團與佼成輪流各錄製兩年。

<table>
<tr><td>25</td><td>1977</td><td>1</td><td>3</td><td>A 限國中 B 限高中以上 C 全體可選 D 限小編制樂團</td><td></td></tr>
<tr><td>26</td><td>1978</td><td>1</td><td>3</td><td rowspan="8">不分組，可自由選擇</td><td rowspan="8"></td></tr>
<tr><td>27</td><td>1979</td><td>2</td><td>3</td></tr>
<tr><td>28</td><td>1980</td><td>1</td><td>3</td></tr>
<tr><td>29</td><td>1981</td><td>2</td><td>2</td></tr>
<tr><td>30-34</td><td>1982-86</td><td>1</td><td>3</td></tr>
<tr><td>35</td><td>1987</td><td>3</td><td>2</td></tr>
<tr><td>36-40</td><td>1988-92</td><td>2</td><td>2</td></tr>
<tr><td>41-50</td><td>1993-2002</td><td colspan="2">4</td><td>不分組，可自由選擇</td><td rowspan="2">西元奇數年爲進行曲，偶數年爲其他類。以羅馬數字標記。</td></tr>
<tr><td>51-56</td><td>2003-08</td><td colspan="2">5</td><td>I-IV 不限組別，V 限大學、一般、職場</td></tr>
</table>

B.自選曲

二次世界大戰前的比賽，參賽隊伍的自選曲幾乎都是日本的進行曲，和當時的軍國主義氛圍頗爲契合，最常見的是《軍艦》、《優秀的青年》、《我們的軍隊》之類的作品。[31]

1956 年恢復舉辦以後，開始出現管樂團的原創作品，不過都還是比較傳統、規模較小的作品，如奧立瓦多堤（Joseph Olivadoti 義 1893-1977）的《玫瑰狂歡節》、《以西達的凱旋》、《阿維隆之夜》等曲，或是金恩（Carl King 美 1891-1971）的進行曲。[32]

由於當時進口的原創樂曲樂譜取得不易，因此自選曲還是以管弦樂改編曲佔絕大多數，除了原本來自歐美的傳統編曲之外，也有很多日本人的編曲，此一作法持續至今。[33]

31 吹奏樂雜學委員會：吹奏樂雜學事典，東京，YAMAHA 音樂媒體事業部，2006，頁 87。
32 吹奏樂雜學委員會：吹奏樂雜學事典，東京，YAMAHA 音樂媒體事業部，2006，頁 88。
33 許雙亮：「管樂隊該演奏什麼音樂？」，省交樂訊第 40 期，民 84，頁 9。

同時，也有一些管樂團指揮致力於鼓吹演奏原創作品，其中以甫自美國伊斯曼音樂院學成歸國的秋山紀夫最爲熱衷，1956 年起他率領樂團參賽，屢屢演奏歐美的管樂原創作品，如克立方．威廉（Clifton Willims 美 1923-76）的《交響組曲》、霍爾斯特的組曲等。儘管如此，日本的音樂比賽自選曲仍以管弦樂編曲佔多數。

1998 至 2007 年間，參加全國大賽決賽的管樂團，自選曲類別統計表：[34]

類　別	樂團數
管弦樂編曲	609
原創管樂作品	170
日本作曲家作品	166
合　計	945

1998 至 2007 年間，參加全國大賽的管樂團，最受歡迎之自選曲作曲家統計表：[35]

順位	作曲家	2007	2006	2005	2004	2003	2002	2001	2000	1999	1998	合計
1	拉威爾	7	6	5	7	7	8	11	9	14	7	81
2	雷史畢基	3	12	5	5	5	6	5	3	9	6	59
3	R 史特勞斯	5	2	5	6	5	6	6	6	4	5	50
4	普契尼	8	7	2	5	6	3	4	1	3	2	41
5	馬坎．阿諾[36]	4	4	4	3	3	5	5	6	5	1	40
6	巴爾托克	3	4	6	3	2	4	4	4	2	5	37
7	天野正道	1	2	5	4	9	7	5	2	0	0	35
8	高大宜	3	0	0	0	1	2	0	6	4	5	21
8	契沙里尼[37]	1	4	6	2	4	1	3	0	0	0	21
10	哈查都量	1	3	1	0	1	2	0	2	1	6	17
10	德布西	1	0	1	4	3	0	2	3	1	2	17
10	柴可夫斯基	0	3	1	0	1	3	2	1	1	5	17

34 Band Journal, 2008 Feb., p. 55.
35 Band Journal, 2008 Feb., p. 41.
36 Malcolm Arnold（1921-2006），英國作曲家，曾爲電影「桂河大橋」寫作配樂。
37 Franco Cesarini（1960），瑞士作曲家。

（二）全日本管樂室內樂大賽

也是由「全日本吹奏樂聯盟」和朝日新聞社共同主辦，1978 年開辦，參賽隊伍爲八人以下、編制不限的管樂室內樂。

（三）小學管樂節

這是「全日本吹奏樂聯盟」和朝日新聞社，自 1982 年起共同主辦的另一項全國性的活動，實際上並不是比賽，因爲在聯盟主辦的比賽中並無小學組，所以用觀摩表演的形式，讓樂團間有切磋的機會，但參加的隊伍仍須經過各地區初選，才能參加全國大會。

（四）東京廣播電台兒童音樂大賽

這也是有五十餘年歷史的比賽，由東京廣播電台主辦，有管樂合奏、兒童樂隊、合唱等項，優秀團體的演奏會對全國播送，2004 年的比賽共有 2400 校、七萬個中小學生參加。

（五）日本管樂合奏比賽（日本管樂合奏コンテスト）[38]

此項 1995 年開始的比賽，和「全日本吹奏樂大賽」頗有互別苗頭之意，由「日本管打、吹奏樂學會」主辦，競賽的宗旨在強調各樂隊的獨特性，在音樂之外亦重視視覺效果及舞台表演，編制也沒有嚴格限制。

---

38 コンテスト是英文 Contest（比賽）。

圖 7-3 日本管樂合奏比賽

（六）全日本行進樂隊暨花棒隊大賽

（All Japan Marching Band and Baton Twirling Contest）

由「全日本行進樂隊暨花棒隊聯盟」與讀賣新聞社共同主辦，1973 年開辦，共分兩大項：

A. 行進樂隊：含樂隊演奏、隊形變化、旗隊表演。

B. 花棒隊：以花棒技巧配合舞蹈爲主，亦可加入類似美式啦啦隊的表演，免樂隊伴奏，以音響播放音樂。

以上兩大項各分爲國小、國中、高中與一般組。[39]

39 54 人以下爲小編制，55-84 爲中編制，85 以上爲大編制。

（七）全日本舞台型行進樂隊暨花棒隊大賽

（All Japan Marching and Baton Stage Contest）

因應少子化之趨勢，學校規模縮小，大型之行進樂隊組成日益困難，該聯盟自 2002 年起爲小編制的樂隊舉辦此項比賽，[40]參賽人數不限，表演場地爲十八公尺見方之區域，規模較小。

（八）DCI 鼓號樂隊大賽

這是 DCI（國際鼓號樂隊協會 Drum Corps International）日本分會辦的比賽，原本只限銅管的號與鼓組成的「鼓號樂隊」參加，2005 年起允許加入木管樂器，與日本其他比賽只列「等第」不同的是，它採取如球類競賽的辦法，由協會初審通過的隊伍進入「準準決賽」，獲勝者進入「準決賽」，最後到「決賽」選出優勝者。

綜覽形形色色的樂隊比賽，可發現其多樣性與豐富性，這還不包括管樂獨奏大賽，我們看到，這些比賽都是由不同的民間協會主辦，在比賽的時間上也有默契的錯開，多年來，參加比賽已經成爲日本各級管樂團的標竿，從上文附表中，參加的隊數之驚人成長就不難看出。筆者認爲「比賽領導教學」的現象，各國皆然，經由比賽的觀摩，對樂團的編制、演奏的曲目、技術、表演風格都會有所提升。另外每年比賽，以徵曲的方式，選出優勝的作品作爲指定曲，不但對比賽隊伍更具挑戰性、更能測出實力，年年如此，數十年下來也累

---

40 除了單一學校團體以外，亦可跨校組隊。

積了可觀的日本國人作品，這才是真正可貴的資產。

我國數十年來的音樂比賽，缺乏專責、專業的機構，而且由一個單位承辦所有比賽的項目，其困難與繁雜可想而知，而且所有比賽全部集中在同一時段舉行，不只增加參賽者的負擔，也造成主辦、承辦單位極大的工作負荷。筆者認為可朝幾個大方向改善，一是設立專責機構負責辦理，二是將權責下放、分散到不同的政府單位或民間機構（或協會等政府認可之組織），而且仿效日本，將各項比賽時間分散，才有可能讓國內的音樂比賽更好。

第八章　管樂團曲目的演變

第一節　十九世紀

巴替斯提認爲，十九世紀管樂團的功能只是在爲國家或各級政府的典禮提供音樂，因此演奏的都是些管弦樂或民歌、流行曲的改編曲，以他治史的觀點，認爲十九世紀能上得了檯面的管樂團音樂，只有孟德爾頌、白遼士、華格納、德弗札克、理查・史特勞斯、和古諾的作品[1]：

筆者認爲此種看法似乎失之偏頗，而且和狹義的所謂「管樂團曲目」也有出入，首先，上列作品中除了孟德爾頌、白遼士、華格納是爲了管樂團所寫之外，理查・史特勞斯、德弗札克和古諾的作品都屬於室內樂形式的「管樂小合奏團」音樂[2]：

1878 Antonin Dvorak(1841-1904): Serenade in d minor, Op. 44

1881 Richard Strauss(1864-1949): Serenade in Eb, Op. 7, Suite in Bb,

---

1 Battisti, Frank. *The Winds of Change,* Galeville: Meredith Music, 2002. p.5.

2 孟德爾頌的作品先是爲管樂小合奏團的編制而寫，後來才改寫爲軍樂隊編制。

1883 Charles Gounod（1818-1893）: Petite Symphonie

1884 Richard Strauss（1864-1949）: Suite in Bb, Op. 4

這種音樂的演出一直都是和交響樂團的管樂音樂家較有關連，其演出的對象也是和交響樂團相聯繫的「貴族型」的音樂會欣賞者，而不是當時比較接近管樂團的普羅大眾。

雖然歐洲十八世紀末的軍樂隊是以「管樂小合奏團」的形式開始的，但是在法國大革命之後，隨著樂隊編制的擴大，已經不同於「管樂小合奏團」的音色與演奏特質，因此真要把這類音樂也納入，無疑有些牽強。

我們如果從看交響樂團曲目的眼光，回顧十九世紀的原創管樂團作品，當然其中爲後人熟知的大音樂家並不多見，原因是和管弦樂團比起來，管樂隊的發展大不不同，首先在它們的角色定位和發展歷史來看，前者於十八世紀成型，雖然在莫札特時代只有二、三十件樂器組成，但是往後一直按部就班、有系統的擴張規模，以至於到了馬勒或史特拉汶斯基手裡已超過一百二十人，在這期間有無數的作曲家爲這個穩定發展的團體寫作樂曲；而管樂隊由於不似前者早有貴族供養，後來又朝向職業化發展，它是在十九世紀的中產階級中萌芽的，向來都是附屬在軍隊裡，或是業餘的「民間團體」，只作爲茶餘飯後或周末公園裡的消遣節目，所以也沒有真正標準的編制，相對於管弦樂團，它只是「非主流」的音樂組織，除了功能性的作用之外，作曲家們很少把它當成表現音樂創作的媒介。因此當時大部分的原創管樂曲，都出自身兼樂隊指揮的次要作曲家之手，由於各國樂隊編制不同，他們的作品往往在國內大受歡迎，在國外卻無人知曉。

而我們熟知的管弦樂大師們的管樂團作品，幾乎都是爲特殊場合寫的「應景之作」，由於數量稀少，更彌足珍貴。以下是十九世紀比較有代表性的管樂曲：

1815 Ludwig Spohr（1784-1859）: *Nocturne* in C, Op. 34

1816 Ludwig Van Beethoven（1770-1827）: *Military Marche*

1820 Johann Nepomuck Hummel（1775-1837）: *Three Grand Military Marches*

1824 Felix Mendelssohn-Bartholody（1809-1847）: *Military Overture* in C, Op. 24

1840 Hector Berlioz（1803-1869）: *Grande Symphonic Funèbre et Triomphale,* Op. 15

1844 Richard Wagner（1813-1883）: *Trauersymphonie*

1846 Giacomo Meyerbeer（1791-1864）: *Torch Dance*（No. 1）

1860 Edvard Grieg（1843-1907）: *Trauermarsch*

1865 Anton Bruckner（1824-1896）: *Apollo March in Eb*

1869 Camille Saint-Saëns（1835-1921）*Orient et Occident*

1892 Pyotr Tchaikovsky（1840-1893）*Marche Militaire*

史博的作品可說是十九世紀初最有承先啓後的意義，他這首爲史旺斯堡（Prince Günter Friedrich of Schwarsburg）王子的樂隊所寫的音樂，從配器看來，是在「管樂小合奏團」的基礎上添加樂器，包括長笛、雙簧管、單簧管、低音管、法國號和小號各一對，再加上倍低音管、低音管號、郵號、長號及大鼓、三角鐵和鈸，他稱爲「土耳其音樂」的打擊樂器。從標題看來，《夜曲》正是不折不扣的「管樂小合奏曲」常用的。而其曲式結構，包括土耳其進行曲、小步舞曲、變奏曲、波蘭舞曲、緩板和終曲的多樂章形式，也延續了十八世紀的「管樂小合奏曲」風格。而銅管樂器和土耳其打擊樂器的加入，則向軍樂隊邁進了一步。

孟德爾頌的《序曲》，是這張曲單中至今仍最常演出的作品，是他十五歲時所寫，原來的編制也是「管樂小合奏團」的雙簧管、單簧管、低音管、法國號各一對，再加上長笛、小號和低音管號、曲名也叫《夜曲》，後來又改寫爲較大的軍樂隊編制，並以《序曲》爲名，才更具有管樂團的色彩。

至於白遼士的《葬禮與凱旋交響曲》和華格納的《葬禮交響曲》這兩首用於戶外的音樂，則表現出這兩位管弦樂大師的恢弘氣度。雖然大革命時期的戈塞克、卡戴爾和梅裕等人的作品，並未傳襲到下一代，推動這種音樂的力量也無以爲繼，音樂因民主化已朝其他方向發展。但是白遼士卻接收了這種用於大型典禮的高貴音樂的傳統，他受法國政府委託，在紀念 1830 年「二次革命」十週年的典禮上演奏，他那浩大的管樂團動用了一百零八名管樂手，二十五名低音弦樂手與兩百名合唱團員。

華格納在 1844 年，爲從巴黎迎回韋伯的骨骸回德勒斯登安葬而寫的《葬禮交響曲》和白遼士的有異曲同工之妙，它的音樂改編自韋伯的歌劇《奧利安特》（Euryanthe）的兩個主題，由八十一人的樂隊演奏。

相較於白遼士與華格納比較管弦樂式的手法，聖桑的進行曲《東洋與西洋》是比較管樂團式的，1869 年爲了慶祝蘇伊士運河開通，爲共和衛隊管樂團而寫。筆者認爲這是整張曲單裡，作曲家作曲時想像的對象最接近管樂團的，在語法與配器上不再視之爲管弦樂團的管樂組，或是規模較小的管樂小合奏團。

我們研究管樂曲目，不難發現，寫作管樂團樂曲的作曲家大致可分爲三類，第一類本身是管樂團的指揮，管樂團就是他最常接觸、最爲熟悉的音樂媒介，他寫作樂曲的動機往往出於實際的需要，或是爲了豎立他所領導的樂團特有的風格，如蘇沙或前述十九世紀歐洲的樂團指揮們，最多此類的作曲家，到了二十世紀，由於音樂各個領域的分工趨勢，已經越來越少見。第二類是和管樂團有比較密切接觸，或有管樂團背景或歷練的作曲家，作品以管樂團爲大宗，他們瞭解管樂團，也能掌握樂團的習慣和風格，寫作時往往顧及樂團的程度或設定寫作的對象，在技術會迎合演奏者的能力，這一類是目前戰最多數的，如二十世紀的呂德（Alfred Reed）、馬克白（Francis McBeth）、史威林郡（James Swearingen）、謝爾敦（Robert Shelton）等人。第三類是以管弦樂或其他領域爲主的作曲家，對他們來說，管樂團只是諸多音樂表現的媒介之一，他們可能是主動的以管樂的合奏形式，作爲表達藝術理想的媒介，如霍爾斯特；大部分都是爲某些特定的場合，或受委託而作，如前述的白遼士、華格納或二十世紀的米堯、史特拉文斯基等人，這些大師們不受限於管樂團的陳規，往往會有一些神來之筆成就傳世之作。

眾所周知，上表所列畢竟只是十九世紀管樂團曲目的一小部分，大部分的管樂團演奏的曲目中，約有一半是管弦樂的改編曲，而且因編制不同，各個樂團都有自己的編曲。其餘的部分則爲當代作曲家的作品，除了進行曲、舞曲以及各種樂器（短號最常見）獨奏和聲樂獨唱曲之外，也不乏佳作，只是因編制的變遷，其中絕大部分樂譜未再整編，時至今日已少有人演奏。但是就像前面所述的樂曲一樣，許多都是到二十世紀才重見天日，還有許多十九世紀的優秀作品，留待我們發掘、整理和演奏。

譜例 8-1 孟德爾頌的《序曲》

譜例 8-2　白遼士的《葬禮與凱旋交響曲》

譜例 8-3 聖桑的進行曲《東洋與西洋》

譜例 8-4 理查·史特勞斯的《小夜曲》

第二節　二十世紀前五十年

邁入二十世紀，雖然各國的管樂團在編制上已經十分完整，但相較於交響樂團，其地位還相去甚遠，其中最重要的因素是沒有夠份量、藝術性夠高的「原創音樂」，十九世紀的管樂團演奏的音樂，九成爲管弦樂改編曲或者是民謠小調，雖然有白遼士、華格納等作曲家的作品，但是在質與量上還是和交響樂團不可同日而語。

在管樂的發展已臻顛峰的二十世紀初，有名望的作曲家終於對管樂團投以關注的眼神，英國作曲家霍爾斯特、弗漢威廉士以及來自澳洲的葛人傑的管樂創作，爲管樂團的曲目注入了活水。

以「行星組曲」爲人熟知的英國作曲家，他爲管樂團所寫的音樂，包括兩首組曲和《鐵匠》(前奏曲與詼諧曲)。

我們知道，霍爾斯特曾從事民歌採集工作，他的管樂作品也多以民歌爲基礎，1909 年他爲管樂團寫了第一組曲（Suite in Eb），雖然不是全盤自民歌移植而來，卻也具備了民歌的風格，他當時用的配器是[3]：

短笛

3 中音豎笛、低音豎笛和富魯格號爲出版社所加，可省略不用。另外，樂器左方之阿拉伯數字表示聲部數，並非人數。1932 年的美國版，爲了適應美國比賽的標準編制，又加上了上低音、低音薩克斯風以及倍低音豎笛。*Frederick Fennill, Basic Band Repertory,* 日文版，秋山紀夫譯，東京，佼成出版社，1985。

長笛

2 雙簧管

2 Eb 調豎笛

獨奏 Bb 調豎笛

第一 Bb 調豎笛

第二 Bb 調豎笛

第三 Bb 調豎笛

2 低音管

Eb 調中音薩克斯風

Bb 調次中音薩克斯風

獨奏與第一短號

第二、第三短號

2 Bb 調小號

4 Eb 調法國號

長號

上低音號

低音號

打擊樂器：定音鼓、小鼓、大鼓、鈸、鈴鼓及三角鐵

這首組曲寫於 1909 年，並不確定是爲何機緣而作，一說是爲了當年由「渥席佛音樂家協會」（Worshipful Company of Musician）舉辦的管樂團比賽而作；一說是爲了在人民宮舉行的音樂節而作。雖然是寫給三十八人編制的樂團，1920

年公開演出時卻由多達一百六十五人的皇家軍樂學校

樂隊演奏[4]。首演後得到很高的評價，有報評爲：「霍爾斯特

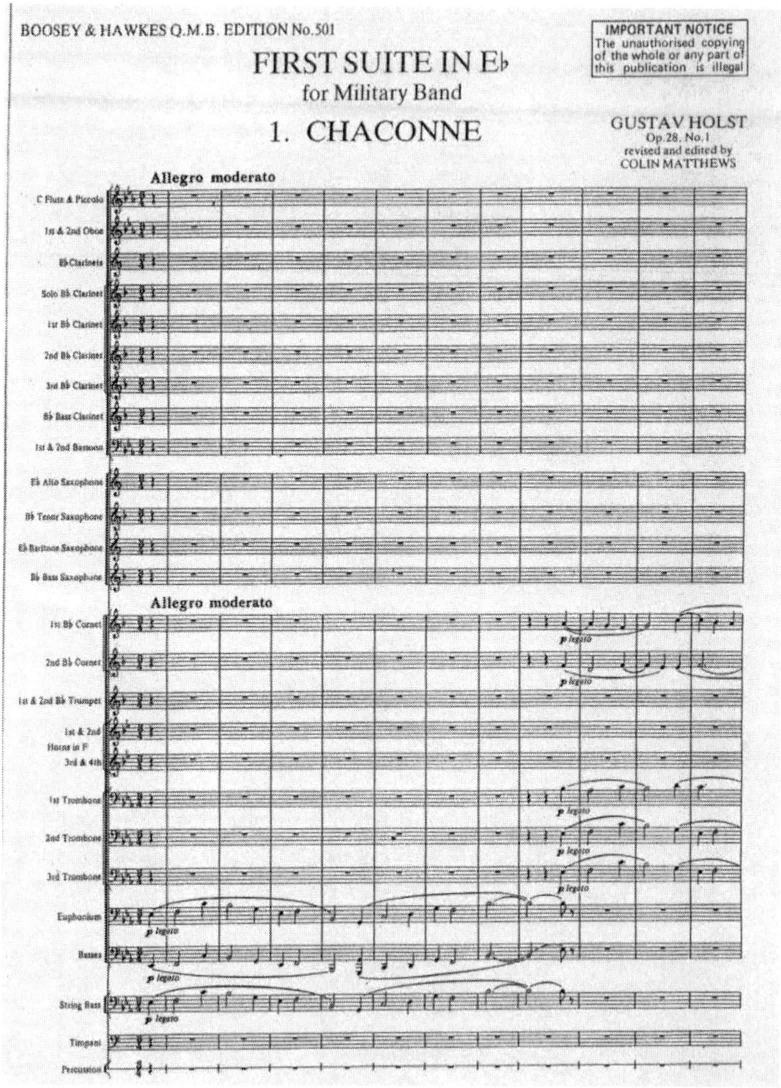
BOOSEY & HAWKES Q.M.B. EDITION No.501
IMPORTANT NOTICE
The unauthorised copying of the whole or any part of this publication is illegal
FIRST SUITE IN E♭
for Military Band
1. CHACONNE
GUSTAV HOLST
Op.28, No.1
revised and edited by
COLIN MATTHEWS
Allegro moderato
Allegro moderato
p legato

譜例 8-5 霍爾斯特《Eb 調組曲》

4 Jon Mitchel, "Early Performances of the Holst Suites for Military Band", *Journal of Band Research,* Spring, 1982, p. 45.

Manuscript	**1948 Score**
Flute and Piccolo D♭	C Flute & Piccolo
2 Clarinets E♭ (2nd *ad lib*)	D♭ Flute & Piccolo
2 Oboes (*ad lib*)	Oboes
Solo Clarinet B♭	E♭ Clarinet
1st Clarinets B♭ ripieno	Solo-1st B♭ Clarinet
2nd Clarinets B♭	2nd B♭ Clarinet
3rd Clarinets B♭	3rd B♭ Clarinet
Alto Saxophone E♭ (*ad lib*)	E♭ Alto Clarinet
Tenor Saxophone B♭ (*ad lib*)	B♭ Bass Clarinet
Bass Clarinet B♭ (*ad lib*)	1st-2nd Bassoons
2 Bassoons (2nd *ad lib*)	E♭ Alto Saxophone
1st Cornets B♭	B♭ Tenor Saxophone
2nd Cornets B♭	E♭ Baritone Saxophone
2 Trumpets E♭ (*ad lib*)	B♭ Bass Saxophone
2 Trumpets B♭ (*ad lib*)	Contrabass Clarinet
2 Horns in F	1st B♭ Cornet
2 Horns in E♭ (*ad lib*)	2nd B♭ Cornet
Baritone in B♭ (*ad lib*)	B♭ Trumpets
2 Tenor Trombones (2nd *ad lib*)	Flugel Horns
Bass Trombone	1st-2nd E♭ Horns
Euphonium	3rd-4th E♭ Horns
Bombardons	1st-2nd Trombones
String Bass (*ad lib*)	3rd Trombone
Timpani (*ad lib*)	Euphonium
Bass Drum	Basses
Cymbals	Snare Drums
Side Drum	Bass Drums
Triangle	Timpani
Tambourine	Triangle
	Cymbals
	Tambourine

圖 8-2 原版之編制與 1948 年版本之編制

的組曲是少數由有名望的作曲家創作的管樂作品」;「霍爾斯特嚴肅的看待管樂團，且掌握了它的技巧，他的這首組曲和其他的管弦樂作品有同樣的價值」[5]。

全曲共分爲三個樂章，霍爾斯特在首版的樂譜上提示樂章間連續演奏不休息，並且爲爲每個樂章下明確的標題代表

5 Jon Mitchel, "Early Performances of the Holst Suites for Military Band", *Journal of Band Research,* Spring, 1982, p. 49.

主題，分別為：「夏康舞曲」、「間奏曲」和「進行曲」。原版樂譜為英國軍樂隊編制，且使用兩行式的縮排版總譜，1948年為因應美國市場的需求，增加了樂器並採用標準總譜。

幾乎與第一組曲的情形相同，寫於1911年的F調第二組曲，竟在十一年之後才面世。首演同樣由皇家軍樂學校的樂隊演奏，根據節目單的說明，他在1911年創作完成之後就拋諸腦後，直到第一組曲大受歡迎之後的1922年，因為他人請求管樂曲的創作，才憶起此作品的存在，並在稍事修改之後才推出。這次他用的素材幾乎全是民歌[6]，分別是第一樂章：進行曲，第二樂章：無言歌，第三樂章：鐵匠之歌，第四樂章：達哥生幻想曲，在這一樂章裡用了英國最膾炙人口的民謠《綠袖子》和達哥生民歌主題。

他的另一首管樂作品一作於1930的鐵匠（Hammersmith倫敦區名），在這首曲子裡更運用了複調（兩種調性同時存在）和多重節奏（不同的拍子同時進行）。雖然在歐陸早有史特拉汶斯基那種複雜多變的音樂，但是在保守的英國並不那麼先進，更何況是寫給管樂團的作品，因此雖然這首曲子是應BBC廣播公司的樂隊而寫的，但BBC並未演出該作品，次年作者又將它改寫為管弦樂，才為人所知，後來並成為研究霍爾斯特晚期作品的重要曲目。

英國另一位重要的管樂作曲家弗漢威廉士（Ralph Vaughan-Williams, 1872-1958），和霍爾斯特有許多共通之處一他們都曾從事民歌採集工作，並在世紀之交寫下管樂團

---

6 Jon Mitchel, "Guatav Holst's three Folk Tunes: A Source for the Second Suite in F", *Journal of Band Research,* Fall, 1983, p. 2.

的經典作品。

弗漢威廉士和霍爾斯特一樣，年過半百才寫作管樂音樂，1923 年應皇家軍樂學校校長之請，他以自己採集的民歌為素材，寫了一首「英國民謠組曲」，由皇家軍樂學校樂隊首演。全曲共分三段：第一、三樂章是進行曲，第一樂章所選用的民歌是「下星期天十七歲」與「美麗的卡洛琳」，這是二四拍子和六八拍子交替的進行曲，洋溢著樂觀進曲的精神，又保有民歌不矯揉造作的特質；第二樂章間奏曲，採用「活潑的男孩」和「綠灌木欉」，這首間奏曲寫在多里安調式上，雙簧管奏出甜美的民歌主題，其中對位的線條簡潔而迷人，中段是略帶東方風味的小快板；第三樂章進行曲則由數首採集自薩漠賽特地區的民歌所編寫而成。這首組曲後來由英國作曲家戈登・雅各（Gorden Jacobs）改編為管絃樂曲[7]。

相較於英國民謠組曲，作於次年的「雄壯觸技曲」（Toccata Marziale）就比較不受注意，1924 年同樣受皇家軍樂學校之邀而寫的作品，也是當年英國主辦世界博覽會文化活動的一環[8]。

「雄壯觸技曲」一如其名，以對位的手法為主，另外，大量運用大、小三度平行和聲與大、小調及全音音階，也是其特色。另外他還有一首管樂小品「海之歌」，由三首民歌所連接而成 — 皇家王子、班波上將及朴資茅斯（地名），是一首在技巧上比較簡單的作品，作曲的手法清晰而有條理。

---

7 相較於無數的改編自管弦樂的管樂曲，這是極少數由管樂曲改編為管弦樂的作品。

8 Jon Mitchel, "Sommerville and the British band", *The Wind Ensemble and It's Repertoire,* New York, University of Rochester Press. 1999, p. 118.

譜例 8-6《英國民謠組曲》

1920 年代的英國，曾掀起一股爲管樂團作曲的熱潮，主流的英國作曲家紛紛爲管樂團作曲，戈登．雅各的《原創組曲》（An Original Suite）也是很受矚目的作品。

在法國方面，1920 年代最具有代表性的管樂曲是史密特（Florent Schmitt, 1870-1958）寫的《酒神》（Dionysiatique）和弗謝（Paul Fauchet, 1858-1937）寫的《降調交響曲》，都是爲共和衛隊管樂團而作。前者於 1925 年出版，是一部殫精竭智的大作，此曲需要一百二十六名演奏者，至今還是職業級的管樂團最具挑戰性的曲目之一。後者完成於 1926 年，試管樂團曲目中少見的交響曲，共有〈序奏〉、〈夜曲〉、〈詼諧曲〉、〈終曲〉四個樂章。

葛人傑（Percy Grainger, 1882-1961）是二十世紀上半葉另一位重要而讓人感到意外的管樂作曲家，他在音樂史上留下的是兼具鋼琴家、民歌採集者和作曲家三種身分。他創作了許多經典的樂曲，其中也包括鋼琴曲、管樂曲、管弦樂曲以及大量改編自民歌的作品。

在他的作品清單中，以管樂合奏爲媒介的創作雖然不是最大宗，卻對管樂界有非凡的貢獻。他積極推廣管樂合奏，並在管樂合奏的音響及色彩上，開發種種新的可能性，他的曲風和作曲手法影響二十世紀的英、美兩國，甚至長久以來位處西方音樂邊陲的澳洲。

他的作品有兩大類 — 原創曲與民歌改編曲，在管樂團的作品方面，重要作品如早期充滿實驗音響的《第一號丘陵之歌》（Hill Song No.1, 1902），這首作品事實上比霍斯特的《第一組曲》更早創作，卻因爲比較不受注意，世人多以爲霍斯特的作品才是二十世紀管樂曲的先驅。在英國時期的作品還有《第二號丘陵之歌》（Hill Song No.2, 1907/1947）。1915

年他移民美國，並在第一次世界大戰時加入軍樂隊，戰後數年間，他創作了《德里郡的愛爾蘭調》(Irish Tune from County Derry, 1918)、《英國莫里斯舞小調 — 牧羊人的呼喚》(English Morris Dance Tune "Shepherd's Hey", 1918)、《殖民之歌》(Colonial Song, 1918)、《兒童進行曲 — 翻山越嶺遠走高飛》(Children's March "Over the Hills and Far Away", 1919)、《岸上的茉莉》(Molly on the Shore, 1920)。

在二十世紀甚至整個管樂文獻中，都佔有非常重要地位的是他 1937 年的作品《林肯郡的花束》(Lincolnshire Posy)。

《林肯郡的花束》的創作素材是他在 1905 和 1906 年夏天，深入林肯郡鄉下，以現場筆記的方式和留聲機記錄下當地的民歌，直到 1937 年受苟德曼（Edwin Franko Goldman）之託才動手寫作[9]。

這首作品雖然是運用先前採集的民歌為素材編製而成，但是和十九世紀國民樂派作曲家們的風格不同，比較接近巴爾托克和高大宜的作法。音樂的語法、樂器的運用以及音色的營造都大大不同於同時代的管樂作曲家。在這組曲中處處可見回歸民歌風格純樸自然的手筆。葛人傑曾提到，他寫這首組曲，各個不同的曲子不只表現相異的民歌曲風，更重要的是反映當年唱這些歌的歌者們的精神面貌。

9 Herbert W. Fred, "Percy Grainger's Music for Wind Band", *Journal of Band Research,* Autumn, 1964, p.18. 苟德曼是美國著名樂隊指揮，這位擁有自己樂隊的作曲家，同時也是美國管樂協會的創始人，和葛氏成為莫逆之交，葛人傑在美國的管樂作品幾乎全是為他的樂隊所寫。

譜例 8-7 葛人傑：《林肯郡的花束》之〈里斯本〉

由於此曲在管樂文獻上有極爲重要的地位，以下就每一樂章分述之：

一、里斯本（Lisbon）又稱都柏林灣（Dublin bay）—水手歌

1906 年先寫成木管五重奏；中段之對旋律「馬爾波羅公公爵」（The Duke of Marlboro）爲另一位民歌採集者路西·布羅伍德記譜。

這一段主題民歌是米索利地安調式，雖然到後面我們會知道他是寫在 Db 調上，但是一開始這個沒有前奏、直接開始的樂段，卻是同時發生在三個不同調的米索利地安調式上，這三個音正好組成一個大三和絃，但是他們卻「各唱各的調」，在不同的高度上奏相同的曲調，也就是「複調」，而且每個同時發出的音都會組成大三和絃，但這三條旋律線並無主從之分，因此一開始葛人傑就以當時的管樂曲還不常見的手法，給人新奇的聽覺經驗。在曲式上，這個 AABA 型式的單純三段體，一共演奏四次，它的變化是「外在的」，四次有不同的配器和音色運用，但旋律本身不變。

二、霍克妥農莊（Horkstow Grange）— 守財奴與僕人，地方上的悲劇

在此之前葛人傑從未將此民歌改編爲其他聲樂或器樂形式[10]。這首歌的歌詞敘述的是個悲慘的故事，內容講的是當地（時間不詳）的農莊主僕兩人發生的事[11]，僕人因爲長期受雇主壓迫，有一天再也無法忍受而爆發殺機，致主人於

---

10 1938-1939 年間將整首組曲改寫爲雙鋼琴版。

11 霍克妥農莊建於十八世紀，座落在北林肯郡布立格鎮（Brigg）北方八英里處。Fennell, Frederick. "Percy Grainger's Lincolnshire Posy", *Instrumentalist,* 1980.

死地。葛人傑並非企圖描述衝突的情節，而是對主僕兩人的境遇以同情的心境，寫一首「安魂曲」式的音樂。芬奈爾稱：「這僅有三十七小節的短曲，在不到三分鐘的樂章裡，隱藏著哀婉動人的感情，是管樂團曲目中的佳作」[12]。

譜例 8-8：〈拉弗公園的盜獵者〉

三、拉弗公園的盜獵者（Rufford Park Poachers）— 盜獵歌

這段音樂的特殊之處極為罕見，前半部分為兩個版本，除了調性不同（A 版為 F 小調，B 版為 C 小調）之外，節奏、拍號、配器都不同。究其原因是當時演唱者泰勒先生實在太出色，一共唱兩種不同的版本，而葛人傑又不忍割捨其中之一，只好將它們各作一個調性、配器都不同的版本，留待演奏者自行選擇，不過到目前為止，大部分的演奏都選 A 版（譜例 8-8），筆者還沒聽過 B 版的錄音。

12 同上註。

因爲這些歌者大多沒有受過正規音樂訓練，不會按照學院式的小節或拍子的框框演唱，按照葛人傑一貫的作法，他會盡量保持他們演唱的原始面貌，不像多數的作曲家那樣，把節奏「硬拗」到比較「規矩」形貌，因此曲中不斷變換拍號，有 4/8, 5/8, 3/4, 2/4, 3/8, 4/4 等拍子，就是要還原歌曲樣貌的結果。

四、活潑的年輕水手（The Brisk Young Sailor）
— 回鄉與真愛結婚的人

相較於其他樂章，這是較單純的一個，和第一樂章一樣是變奏曲的形式，但是歌曲本身只有極少的變化。在主旋律以外的伴奏織體各段有很大的差別，第一變奏出現兩種不同的節奏組；第二變奏以齊奏的琶音和音階爲主；第三變奏最單純，只有一條由 Bsn.和 B. Sax.齊奏的對位旋律；第四變奏看似複雜，其實也只是分別由高、中、低音域的各組樂器構成主旋律、節奏織體與低音線三組。

五、墨爾本王（Lord Melbourne） — 戰歌

這個樂章的總譜乍看之下會讓人摸不著頭緒，整個第一小節包含數十拍，實際上是沒有小節線的數個小節，這是一首戰歌，主題完全按照「歌詞」唸起來的抑揚頓挫的節奏寫成，最能表現作曲家所標榜的「自由音樂」（Free music）[13]。根據芬奈爾的說法，他和葛人傑請益時，葛氏以打油詩式的

13 雖然在這裡可看出一些端倪，但是和他所追求的理想還有一段距離，他的終極目的是要研製一種機器，取代由人演奏的樂器，並且不透過中間人（演奏者），讓作曲家直接與聽眾接觸，這樣才有可能解開傳統束縛，奏出真正的 Free music。Balough, Teresa, ed., *A Musical Genius from Australia,* Grainger, Percy. Free Music, Music Monograph 4, University of Western Australia Department of Music.

寫法，將歌詞稍作改寫，竟然就是這段樂曲開始處的節奏[14]（圖 8-3），莫非這就是作曲家心裡想的？第二段更罕見，他用了一些大部分的人從未見過的拍號（筆者也未曾在別的作品中見過）：1/8, 2½/4, 1½/4, 3/8, 1/4 等，實際上，2½/4 可改寫爲 5/8；1½/4 改寫爲 3/8，就容易理解了。

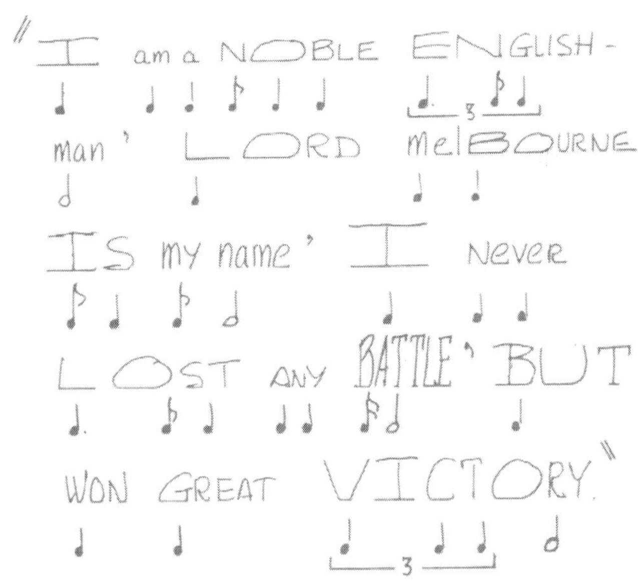

圖 8-3〈墨爾本王〉歌詞

六、尋回失蹤的小姐（The Lost Lady Found）— 舞曲

原歌詞的大意是有位小姐被吉普賽人拐騙而失蹤，人們都懷疑和他同住的叔叔涉嫌重大，因爲傳說他覬覦這位小姐的地產已久，她的心上人與村民都全力尋找，就在他的叔叔要被判絞刑之前，小姐平安歸來，最後一段就是眾人以鐘鼓

14 Fennell, Frederick.

齊鳴慶賀的情景，饒富趣味。

這是葛人傑尊重原歌曲並保持其原來面貌的又一個例證，這首多里安調式、三拍子舞曲形式的樂章，按原本九段情節的故事，在同一主題上作九次不同的編配，手法類似地四樂章，它的結構工整，每段十六小節，九段又可等分爲三部分，像一個大的 ABA 曲式，雖然主旋律是相同的，但是在和聲的運用上，第一、二、三段和七、八、九段的和聲語匯相同，而中間的第四、五、六段各自不同，可視爲與 A 部分相對之 B 部分。

這組作品就像由六朵美麗的花所組成的花束，不只在管樂文獻中是經典之作，甚至在整個嚴肅音樂的範疇裡都有它的一席之地，也是世界上被演出最頻繁的曲目之一。

在葛人傑近千首作品中，還有一些較爲人所知的管樂曲：

民歌改編：

The Duke of Marlborough（1905, 1939）
The Nightingale and the Two Sisters（1923-30）
Ye Banks and Braes o' Bonnie Doon（1949）
Let's Dance Gay in Green Meadow（1954）

原創作品：

Marching Song of Democracy（1948）
The Power of Rome and the Christian Heart（1948）

在 1920 至 1930 年間，還有一個值得注意的現象，那就是許多音樂史上重要的作曲家，爲木管、銅管和打擊樂器的組合作曲，他們的對象是交響樂團的管樂和打擊組，而不是管樂團，而且也是在交響樂團的音樂會上演出，這些作曲家和他們的作品如下：

Stravinsky, Igor

Concerto for Piano and Wind Instruments（1924）

Octet for Wind Instruments（1923）

Symphonies of Wind Instruments（1920）

Symphony of Psalms（1930）

Varese, Edgard

Hyperprism（1923）

Integrales（1925）

Octandre（1923）

Weill, Kurt

Concerto for Violin and Wind Orchestra, Op.12（1924）

Das Berliner Requiem（1928）

Kleine Dreigroschenmusik（1929）

Walton, William　*Façade*（An Entertainment）（1922）

但是這些作品在當時的歐洲或美國，並未引起管樂團太多的注意，以今日觀之，有人覺得當時的管樂團指揮們未能乘勢請大作曲家們爲管樂團作曲，因而失之交臂，實爲憾事[15]。這就像筆者在前面提到的，他們是第三類的作曲家，這些編制不一的管樂與打擊合奏，只是他們表現音樂的創作媒材，其作品要求的演奏技術，也不見得是多爲業餘的管樂團所能勝任。再者，也是最重要的一點，以美國而言，當時正

15 Frank Battisti, *The Twentieth Century American Wind Band/Ensemble,* Galeville: Meredith Music, 1995.

是蘇沙等職業管樂團最活躍的時期，只在某些大城市才存在的交響樂團，其影響自然不如這些四處巡迴的職業管樂團，大學或社區樂團演奏的曲目，多模仿這些職業管樂團。雖然當時的管樂團演奏的曲目還是以管弦樂曲居多，但都是十九世紀的曲目，鮮少和「當代」的管弦樂新作有關連。要等到1950年代以後，管樂合奏團的出現，這兩者之間的界線才漸漸模糊，因此，1920年代這些大師的作品，成了二十世紀下半葉以來，管樂合奏團的標準曲目。

1939-1945 年間較重要的原創管樂曲：

Nokolai Miaskovsky	*Sympphony No. 19, Op.46*（1939）
Morton Gould	*Jericho*（1940）
Roy Harris	*Cimarron Overture*（1941）
William Schuman	*Newsreel*（1941）
William Grant Still	*Old California*（1941）
John Alden Carpenter	*Song of Freedom*（1941）
Paul Creston	*Legend*（1942）
Philip James	*Festal March*（1942）
Leo Sowerby	*Spring Overture*（1942）
Heny Cowell	*Festive Occasion*（1942）
Wallingford Riegger	*Passacaglia Fugue*（1942）
Joseph Wanger	*American Jubilee Overture*（1942）
Samuel Barber	*Commando March*（1943）
Arnold Schoenberg	*Theme and Variations, Op.43a*（1943）
Henry Cowell	*Hymn and Fuguing Tune No.1*（1943）
Alfred Reed	*Russian Christmas Music*（1944）

Darius Milhaud　*Suite Française*（1945）

對於原創管樂音樂的催生與推廣不遺餘力的，在芬奈爾之前就另有其人，那就是愛得溫．荀德曼（Edwin Franko Goldman），葛人傑的大作《林肯郡的花束》，就是應荀德曼之請而寫的。1942 年 7 月 21 日，荀德曼管樂團的音樂會，排出全場都是原創管樂曲的曲目，包括古德（M.Gould）、舒曼（W. Schuman）、考威爾（H. Cowell）、霍爾斯特、弗漢威廉士及葛人傑的作品，以今天的眼光來看，並不太特別，但在將近七十年前，這可是破天荒的創舉。

1948 年 1 月 7 日，美國「作曲家聯盟」（League of Composer）爲荀德曼舉行七十歲慶生音樂會，其曲目也全是原創管樂曲：

Vaughan Williams, Ralph　*Toccata Marziale*

Milhaud, Darius　*Suite Française*

Cowell, Henry　*Shoonthree*

San Juan, Pedro,　*Canto Yoruba*

Grainger, Percy　*The Power of Rome and the Christian Heart*
（此音樂會之特約創作，由作曲家親自指揮）

Schoenberg, Arnold　*Theme and Variations,* Op. 43a

Rolland, Romain　*Three pieces for "Le Quatorze Juillet*

Honegger, Arthur　*Le Marche sur la Bastille*

Rousell, Albert　*Prélude*

Auric, George　*Le Palais Royal*

Miaskovsky, Nikolai　*Symphony No.19 in E-flat,* Op.46

十一首作品都是當時很具份量的作品，其中美國作曲家三首（含歸化美國籍的荀白克和葛人傑），法國五首、俄國一首和拉丁裔作曲家的作品一首。作曲家聯盟希望藉此音樂會，鼓勵管樂團多演奏原創樂曲，荀德曼認爲，這是美國管樂團曲目安排概念的一個轉捩點。

1946 年，繼承其父衣缽的理查・荀德曼（Richard Franko Goldman）呼籲：「未來管樂團作爲音樂演奏團體的重要性，取決於專屬曲目的耕耘，在擁抱傳統的曲式（如進行曲）之外，還要有能賦予管樂音樂會節目有意義的音樂[16]。」他登高一呼，很快就獲得了響應，創立 CDBNA 的雷弗利（William D. Revelli）在當年的協會年會中，他要大學院校的管樂團指揮「設法」讓好的作曲家寫作管樂曲。

在 1945-1950 年間，原創管樂曲呈現可觀的增加，其中比較重要的有：

Darius Milhaud	*Suite Francaise*（1945）
R.Strauss	*Symphony for Winds*（1945）
Darius Milhaud	*Ballad for Band*（1946）
Hindemith	*Septett fur Blasinstrumente*（1948）
Otterloo	*Symphonietta for Wind Instruments*（1948）
Bernstein	*Prelude, Fugue and Riffs*（1949）
Dahl	*Concerto for Alto Sax and Wind Orchestra*（1950）
Schuller	*Symphony for Brass and Percussion, Op. 16*（1950）
Riegger	*Music for Brass Choir*（1949）

16 Frank Battisti, *The Twentieth Century American Wind Band/Ensemble*, Galeville: Meredith Music, 1995.

H.O. Reed	*La Fiesta Mexicana*（1949）
Virgil Thomson	*A Solemn Music*（1949）
Aram Khachaturian	*The Battle of Stalingrad*（1949）
Robert Russell Bennett	*Suite of Old American Dances*（1950）
Walter Piston	*Tunbridge Fair*（1950）
Vincent Persichetti	*Divertimento for Band*（1949-1950）

在此列舉 1946 年時，苟德曼管樂團、密西根大學管樂團與美國空軍樂隊的音樂會節目單：

苟德曼管樂團，愛得溫．苟德曼指揮

Edwin Franko Goldman	***Grand March, "America"***
G. F. Handel	*Suite From "The Water Music"*
Aaron Copland（arr. by the composer）	***An Outdoor Overture***
Gustav Holst	***First Suite for Band, in Eb***
Antonin Dvorak	*Finale "The New World Symphony"*
Philip James	***Festal March***
Del Staigers	***Fantasie for Cornet Solo***
Igor Stravinsky	*Russian Dance from "Petrouchka"*
Percy Grainger	***"Lads of Wamphray"***
Edwin Franko Goldman	***March, "Anniversary"***
Johann Strauss	*Waltz, Liebeslieder"*

密西根大學管樂團，雷弗利指揮

Cimarosa	*Overture, "Il Matrimonio Segreto"*
Wagner	*Prelude to Act I, "Lohengrin"*

Curzon	***Bravada, Paso Doble***
Pryor	***Trombone Solo***
Johann Strauss	*Fruhlingsstimmen Waltzes*
Bennett	***Rhythms of Rio***
Tschaikowsky	*Capriccio Italien*
J.S. Bach	*Three Chorales*
Moore	***March "Barsity"***
Sousa	***Stars and Stripes Forever***
（University Song）	*The Yellow and Blue*

美國空軍樂隊，霍華德指揮

Gomez	Overture, "II Guarany"
Gould	**Pavanne**
Pryor	***Trombone Solo***
Liadov	*Dance of the Amazons*
Titl	***Horn and Flute Duet: Serenade***
Tschaikowsky	*Finale from Symphony No.4*
	Melody of Popular Airs
Shostakovich	*Polka from "The Golden Age"*
Gliere	*Russian Sailors Dance*
Coates	***Saxophone Solo***
Strauss	*Waltz: Voices of Spring*
Damrosch	***Vocal Solo, " Danny Deever"***
Gershwin	***Rhapsody in Blue***

由以上三團分別屬於職業、大學和軍方樂團的節目單可以看出，原創管樂曲（黑體字）的比例較以前增加，其中尤以荀德曼管樂團所佔的比例最高，十一首中佔七首之多，而且有葛人傑、霍爾斯特的作品；密西根大學管樂團就比較保守，接近蘇沙樂隊式的曲目；霍華德領導的美國空軍樂隊，是兩者之折衷，除了傳統的改編曲、獨奏曲之外，還有古德的新作，和蓋西文的藍色狂想曲這首原版爲管樂的名作。

第三節　二十世紀後五十年

1950 年代，美國管樂界最重要的兩件事是芬奈爾創立伊斯曼管樂合奏團，和不少爲管樂團寫的交響曲問世。

1946 年，理查·荀德曼曾在《現代音樂學報》中爲文指出：「自 1940 年以來，爲管樂團作曲的數量已有可觀的比例，……其中雖不乏佳作，但是沒有交響曲…」[17]，可見在他心目中，「交響曲」仍是一個重要的指標，也唯有交響曲能讓管樂團拉抬到和交響樂團同樣的高度。

在作曲家聯盟、大學院校管樂指揮協會及美國管樂協會的積極鼓吹之下，造就了 1950 年代最可觀的「交響曲十年」。1950 年，從德國移居美國，並在耶魯大學任教的辛德密特（Paul Hindmith, 1895-1963），受美國陸軍樂隊隊長柯瑞（Colonel Hugh Curry）邀請，擔任客席指揮，辛德密特希望

17 Richard Hansen, *The American Wind Band-A Cultural History,* Chicago: GIA, 2005. p. 88.

將音樂會推遲，以便有時間寫個「小曲」，結果他所謂的小曲，竟是三樂章的《降 B 調交響曲》，次年四月於華盛頓 D. C. 由作曲家親自指揮作品首演。辛德密特曾在第一次世界大戰時，在德國陸軍服役，此曲中可聽到軍旅生涯的殘響。他在

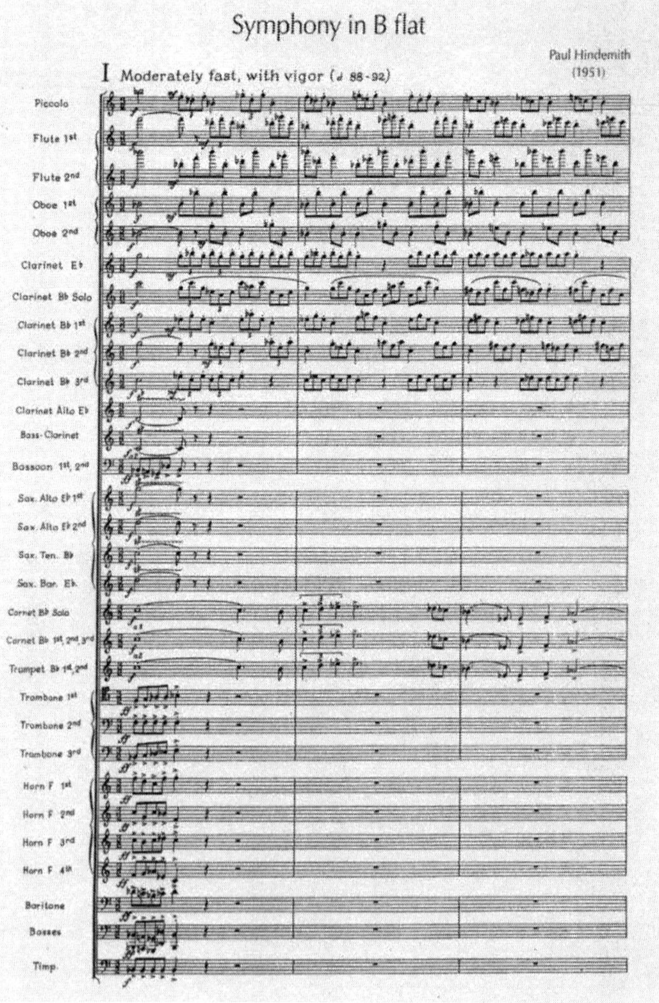

譜例：8-9 辛德密特《降 B 調交響曲》

1926 年寫過管樂曲《音樂會音樂》（Konzertmusik），但那是爲歐式小編制的樂團寫的，而美國陸軍樂隊是一支約七十人的樂隊，爲此他還向耶魯大學的管樂團指揮威爾森（Keith Wilson）請益有關美國管樂團的編制。

全曲共有三個樂章：

第一樂章：快速且具有活力的中板

第二樂章：優美的小行板

第三樂章：賦格

這一首交響曲可以說是辛德密特將他的理論付諸實際的最佳例證，他主張的「循環曲式」—每一個樂章都會再現前線面出現的素材，第一樂章是依循古典的快板奏鳴曲式展開的，第三樂章的賦格又帶回第一樂章的主題。是一首結構紮實、手法洗鍊的大作，而且非常適合管樂團演奏。

此一交響曲首演之後，立刻獲得各方讚譽，咸認爲此類作品中之顛峰之作，是二十世紀管樂曲的一個里程碑，也是日後作曲家師法的典範，時至今日，仍是被研究最多的管樂作品之一。

繼辛德密特之後，也有不少作曲家起而效尤，在下列曲單中可以看出，有不少「交響曲」，其比例之高勝過以往，雖然這些交響曲的曲式，不見得都像古典和浪漫時期的管弦樂交響曲那樣嚴格，但大部分都還依循交響曲的基本架構，在管弦樂的交響曲新作已難得一見的 1950 年代來說，實屬難能可貴，也許就是因爲交響曲在管弦樂團的領域裡，已經比較不流行了，作曲家們反而在管樂團（或管樂合奏團）找到一片可揮灑的新天地。

1950 年代比較重要的原創管樂曲：

Vincent Persichetti	*Psalm for Band*（1951）
Peter Mennin	*Canzona*（1951）
Gordon Jacob	*Music for a Festival*（1951）
William Schuman	*George Washington Bridge*（1951）
Morton Gould	***West Point Symphony*（1952）**
Darius Milhaud	***Symphony for Band（West point）*（1952）**
Vincent Persichetti	*Pageant*（1953）
Howard Hanson	*Chorale and Alleluia*（1954）
Paul Creston	*Celebration Overture*（1954）
Varese	*Deserts*（1954）
Blackwood	***Chamber Symphony No. 2*（1955）**
Vincent Persichetti	***Symphony No. 6, Op. 69*（1956）**
Messiaen	*Oiseaux Exotiques*（1956）
Kurka	***Good Soldier Schweik Suite, Op.22*（1956）**
Clifton Williams	*Fanfare and Allegro*（1956）
	***Symphonic Suite*（1957）**
William Bergsma	*March with Trumpets*（1957）
Robert Russell Bennett	***Symphonic Songs*（1957）**
Rorem	***Sinfonia*（1957）**
Hovhaness	***Symphony No. 4*（1958）**
Vittorio Giannini	***Symphony No. 3*（1959）**
Josepg Jenkins	*American Overture for Band*（1959）
P. M. Davies	*St. Michael Sonata*（1959）

美國管樂協會在荀德曼的領導下設立獎項，每年頒獎給一位寫出好的管樂曲的作曲家，自 1949 年起，得獎的是[18]：

Thomson, Virgil	*A Solemn Music*（1949）
Piston, Walter	*Tunbridge Fair*（1950）
Mennin, Peter	*Canzona*（1951）
Bennett, Robert R.	*Mademoiselle,* Ballet for Band（1952）
Persichetti, Vincent	*Pageant*（1953）
Hanson, Howard	*Chorale and Alleluia*（1954）
Creston, Paul	*Celebration Overture*（1955）
Gould, Morton	*Santa Fe Saga*（1956）
Bergsma, William	*March with Trumpet*（1957）
Giannini, Vittorio	*Preludium and Allegro*（1958）
Moore, Douglas	*The People's Choice*（1959）
Lloyd, Norman	*A Wall Whitman overture*（1960）

另外，自 1956 年起，美國著名的樂隊制服公司 Ostwa 也贊助美國樂隊協會作曲獎：

Williams, Clifton	*Fanfare and Allegro*（1956）
Williams, Clifton	*Symphonic Suite*（1957）
Quinn, Mark	*Portrait of the Land*（1958）
Weed, Maurice	*Introduction and Scherzo*（1959）
Mueller, Florian	*Overture in G*（1960）

18 Richard Franko Goldman, *The Wind, It's Literature and Technique,* Boston: Allyn and Bacon, 1961.

到 1959 爲止，總共有十一位普立茲獎（Pulitzer Prize）得主至少寫過一首管樂團樂曲[19]：

William Schuman
Howard Hanson
Aaron Copland
Leo Sowerby
Charles Ives
Walter Piston
Virgil Thomson
Douglas Moore
Quincy Porter
Ernst Toch
Samuel Barber

1952 年芬奈爾創立伊斯曼管樂合奏團，也曾經廣發英雄帖，請有名望的作曲家們爲這個新興的管樂合奏團作曲，但他的成績不如前述之協會，但是他對二十世紀管樂曲最大的貢獻是，積極的演奏與錄音。從 1953 到 1962 年間，該樂團和水星唱片合作，錄製了二十二張唱片，幾乎涵括了所有美國的原創管樂曲和從噶布理埃利以降的經典管樂曲，甚至還有彷彿重回現場的「南北戰爭音樂」，這些唱片具有藝術價值與歷史意義，它們的影響不只在美國，也及於全世界。

除了伊斯曼管樂合奏團之外，由包德羅（Robert Boudreau）創組的「美國管樂交響樂團」，在委託創作與推介原創管樂曲方面不遺餘力，力邀美國及歐洲、中南美洲的作曲家寫曲，也累積了可觀的曲目，但由於該團編制特殊[20]，大部分樂曲不適合一般管樂團使用，殊爲可惜。

---

19 普立茲獎：1917 年根據美國報業鉅子、匈牙利裔美國人約瑟夫·普立茲（Joseph Pulitzer）的遺願設立，原爲新聞類的獎項，後來增設創作類，1943 年設音樂獎，1970 年代已經發展成爲美國新聞界的最高榮譽獎，其完善的評選制度也使普立茲獎被視爲全球性的獎項。

20 是擴大的交響樂團管樂聲部，沒有薩克斯風和上低音號，是二管編制管樂聲部的二到三倍，總計五十七人。

美國管樂交響樂團其實是由大學生組成的，他們以賓州匹茲堡爲基地，並常在美國東部及中部巡迴演出，該團的演出著重二十世紀曲目，沒有通俗音樂，由他們的節目單可見一斑（1969 年八月三日）：

A. Dvorak　*Serenade in D minor,* Op. 44

H. Sommer　*Symphony for Woodwinds, Brass, percussion*

D. Aram　*Concerto for French and Wind Orchestra*

O. Messiaen　*Et Exspecto Resurrectionem Motuorum*

到了 1950 年代末期，原創管樂曲依舊穩健成長，也有不少發表、演出的機會，但是管樂團演出曲目中，改編曲仍佔大宗，根據《器樂演奏家雜誌》於 1958 年，請該雜誌的三十一名專欄主筆（多爲管樂團指揮），就一百一十八首作品的曲單中，選出「最佳管樂團音樂」，結果有六十七首（超過 57%）爲改編音樂，但是在排名前十名的作品中，有六首是原創管樂曲（粗體字）。

Holst　***First Suite in Eb***

Vaughan Williams　***Folk Song Suite***

Wagner/Cailliet　*Elsa's Procession to the Cathedral*

Hanson　***Chorale and Alleluia***

Holst　***Second Suite in F***

Fauchet/Gillette[21]　*Symphony in Bb*

Milhaud　***Suite Française***

Bennett　***Suite of Old American Dances***

21 這一首可算原創音樂，Gillette 的改編只是將法國樂團的編制改爲美國編制。

Bach/ Leidzen *Toccata and Fugue in D minor*

Weinberger/Bainum *Polka and Fugue from Schwanda*

由於 1960 年代沒有職業管樂團的存在，委託作曲家創作管樂曲的使命，落在幾個和管樂有關的協會，和學校樂團指揮身上，除了大學、音樂院樂團以外，有些高中也不落人後，如紐約州綺色佳（Ithaca）高中樂團，在巴替斯提領導下，在 1955 到 1968 年間，一共有二十首委託創作，作曲家包括 Vicent Persichetti, Warren Benson, Leslie Bassett 等人，其中最有名的是胡薩（Karel Husa）於 1968 年的委託創作《獻給布拉格的音樂，1968》當年適逢蘇聯軍隊鎮壓作曲家的祖國—捷克，有感而發的作品，已成管樂經典曲目。

1966 年，北愛荷華學院的何維克（Karl Holvic）主持一項調查研究，透過 CBDNA 的會員，統計自 1960 年 1966 年間樂團演出的節目單，在 234 首曲目中，有 136 首是原創音樂，98 首爲改編曲，演出次數排名最高的 31 首中，有 21 首是原創曲。這個調查顯示，最常演出的曲目是：

Giannini *Symphony No. 3*

Sousa *Stars and Stripes Forever*

Dello Joio *Variants on a Mediaeval Tune*

Schuman *Chester*

H. Owen Reed *La Fiesta Mexicana*

Persichetti *Symphony No. 6*

Bernestein/Duthoit *West Side Story*

Grainger *Irish Tune from County Derry*

Sousa *Fairest of the Fair*

C. Williams	*Festival*
Jacob	*William Byrd Suite*
Hanssen/Bainum	*Valdres March*
Mendelssohn/Greissle	*Overture for Band*
Wagner/Cailliet	*"Elsa's Procession to the Cathedral"*
R.R. Bennett	*Suite of Old American Dances*
J.B. Chance	*Incantation and Dance*
Korsakov/Leidzen	*"Procession of the Nobles"*
Shostakovich/Hunsberger	*Festive Overture,* Op. 96
Creston	*Celebration Overture,* Op. 61
Holst	*First Suite in Eb*
A. Reed	*A Festival Prelude*
Hanson	*Chorale and Alleluia*
Rodgers/R.R. Bennett	*The Sound of Music*
Turina/A. Reed	*La Procession du Rocio*

1962 到 1977 年間，比較重要的原創管樂曲：

Alvin Etler	
	Concerto for Clarinet and Chamber Ensemble（1962）
Boris Tischenko	Music for Cello and Wind Orchestra（1963）
Oliver Messiaen	Colors of the Celestial City（1963）
	Et Exspecto Resurrectionem Mortuorum（1964）
Eugene Bozza	Children's March（1964）
Iannis Xenakis	Akrata（1965）
Rudolf Kelterborn	Miroirs（1966）

Lukas Foss	Music for 24 Winds（1966）
Elizabeth Maconchy	Music for Brass and Woodwinds（1966）
Alan Bush	Scherzo, Op. 68 （1969）
Betsy Jolas	Lassus Ricercare（1970）
Oliver Knussen	Choral（1972）
Alexander Goehr	Bach Variations（1972）
Gordon Binkerd	Noble Numbers（1973）
Robert Selig	Pometacomet, 1676（1974）
Eric Stokes	Continental Harp and Band Report（1974）
Verne Reynolds	Scenes（1977）

1960 年，美國約有三百萬名學生參加五萬個學校管樂團，此時管樂教育人士開始注意學校管樂教育的內容與品質，「美國管樂協會」的理事長穆迪（William Moody）於 1968 年指出：「學校管樂團要大幅改革，以更符合音樂與教育的目的，……學校花在指導學生音樂知識的時間不足，學生到了高中畢業，已經至少參加六年的管樂團，但是對樂理、音樂史和大作曲家的作品卻所知無幾，學校管樂團應該多加強音樂與教育內涵，並限縮功能性與娛樂性的活動」[22]。

穆迪呼籲管樂團的教師們將傳統只重訓練與反覆練習的教學方式，提升到協助學生創作、理解，並且認識音樂藝術的層次。他的理念呼應了當時的教育學者揭櫫的「美感教育」精神[23]，學者們主張音樂教育應著重於學生的基礎技能

22 William Moody, “Tradition and the Band’s Future”, *The Instrumentalist* , Nov. 1968. p.80.

23 由 Charles leonhard, Harry Broody, James Mursell, Bennet Reimer 提出的教育主張。

發展並藉由演奏增強音樂知識與個別的音樂能力成長，而演奏優秀的作品便是音樂教育的核心。

因此，在 1960 到 1975 年間，美國的中學管樂團在演奏的曲目方面，朝向更具藝術性的方向發展，也更趨於多樣性，在此時期，適合高中管樂團演奏的曲目是[24]：

1960 Bernstein, Leonard/ Bee	*Overture to Candide*
1961 Chance, John Barnes	*Incantation and Dance*
1962 Dello Joio, Norman	*Variants on a Medieval Tune*
1962 Erb, Donald	*Space Music*
1963 Schuller, Gunther	*Meditation*
1964 Shostakovich / Hunsberger	*Festive Overture, Op.96*
1964 Grainger, Percy/ Goldman	*The Sussex Mummers Christmas Carol*
1964 Lo Presti, Ronald	*Elegy for a young American*
1964 Nelhybel, Vaclav	*Prelude and Fugue*
1965 Benson, Warren	*Remembrance*
1965 Chance, John Barnes	*Variations on a Korean Folk Song*
1965 Childs, Barney	*Six Events for 58 Players*
1965 Hartley, Walter	*Sinfonia No.4*
1966 Bassett, Leslie	*Designs, Images and Textures*
1966 Bielawa, Herbert	*Spectrum*
1966 Nelhybel, Vaclav	*Symphonic Movement*

24 Frank Battisti, *The Winds of Change,* Galeville, Meredith Music, 2002.

1966 Dello Joio, Norman	*Scenes from The Louvre*
1967 Erb, Donald	*Stargazing*
1968 Arnold, Malcolm/Paynter	*Four Scottish Dances*
1968 Pennington, John	*Apollo*
1969 Benson, Warren	*The Solitary Dancer*
1971 Tull, Fisher	*Sketches on A Tudor Psalm*
1972 Broege, Timothy	*Sinfonia III*
1972 Chance, John Barnes	*Elegy*
1972 Zdechlik, John	*Chorale and Shaker Dance*
1974 Ives, Charles/Elkus	*Old Home Days*（*Suite for Band*）
1975 Husa, Karel	*Al Fresco*
1975 Paulson, John	*Epinicion*

此外，在「全國音樂教育會議」與福特基金會的合作之下[25]，選定音樂教育較具規模的高中設立「駐團作曲家」，爲學校樂團譜曲，也是提升高中管樂團水準的功臣。

1975 到 1989 年間，比較重要的原創管樂曲：

Loris Chobanian	*The Id*（1975）
Howard Hanson	*Laude*（1975）
Sydney Hodkinson	*Stone Images*（1975）
Edward Gregson	*Metamorphoses*（1975）
Verne Reynolds	*Scenes Revisited*（1976）
Henry Brant	*American Debate*（1977）

25 MENC，前身即設立於 1907 年的「全國音樂督導會議」：Music Supervisors National Conference （MSNC）；1998 年又改爲「全國音樂教育協會」：National Association for Music Education，但縮寫不變。

John Corigliano　*Gazebo Dances*（1978）

Ross Lee Finney　*Skating on the Sheyenne*（1978）

Alec Wilder　*Serenade for Winds*（1979）

Daniel Pinkham　*Serenades for Trp. and Wind Ensemble*（1979）

William Kraft　*Dialogues and Entertainments*（1980）

Ernst Krenek　*Dream Sequence, Op. 224*（1981）

Nicholas Thorne　Adagio Music（1981）

David Maslanka　A Child's Garden of Dreams（1981）

John Adams　*Grand Pianola Music*（1982）

David Bedford　*Sun Paints Rainbows over Vast Waves*（1982）

Rodney Rogers　Prevailing Winds（1983）

Guy Woolfenden　Gallimaufry（1983）

Philip Wilby　Firestar（1983）

Ronald Perera　Chamber Concerto for Brass Quintet, Nine Winds, Piano and Percussion（1984）

Robert Rodriguez　The Seven Deadly Sins（1984）

Karl Heinz Stockhausen　*Luzifer's Tanz*（1984）

Joseph Howowitz　*Bacchus on Blue Ridge*（1985）

Vincent Persichetti　*Chorale Prelude: O God Unseen*（1985）

Jacob Druckman　*Paean*（1986）

John Harbison　*Music for Eighteen Winds*（1986）

Jacob Druckman　*In Memoriam Vincent Persichetti*（1987）

Dana Wilson　Pieces of mind（1987）

Michael Ball　Omaggio（1987）

Jocham Slothouwer

Concert Variations for Piano and Band（1987）

Richard Rodney Bennett	*Morning Music*（1987）
William Thomas McKinley	*Symphony of Winds*（1988）
Tristan Keuris	Catena（1989）

由於管樂合奏團其人數隨曲目之需而調整的概念，經過了三十年的發展，已深植人心，以往由樂團或樂團指揮決定作品音色的時代已經過去，作曲家成爲真正的掌握音色的主人，主流樂團的演奏多依循作曲家指定的編制演奏，因此更能掌握作曲家想要的音色和平衡，因此更願意爲管樂團或管樂合奏團作曲，甚至因爲有管樂合奏團居中，以往室內樂和管樂團得演奏者和曲目不互通的藩籬逐漸被打破。

在此同時，歐洲也逐漸從傳統的管樂團，接受管樂奏團的概念，許多國家也有管樂合奏團，透過「世界交響管樂團與管樂合奏團協會」（WASBE）[26]，每四兩年一次在世界不同地區舉辦的年會兼音樂節，以及協會本身的委託創作，管樂作品有了空前的進展，其中不乏各國一流的作曲家，在不同的文化根基上，以各具特色的手法，爲大型管樂團、管樂合奏團與接近室內樂形式各種編制寫曲，各國交響樂團委託創作，以交響樂團的管樂組爲對象的新作，也很快就成爲管樂合奏團的曲目。

以英國爲例包括 Joseph Horowitz、Bennett, Richard Rodney 等一流作曲家都有管樂新作。

1980 年到 1990 年初，英國主流作曲家的作品，曾經出

26 World Association for Symphonic Bands and Wind Ensembles, 成立於 1981 年。

版、並且經常被演奏的有：

Woolfenden, Guy	*Gallimaufry*（1983）
	Illyrian Dances（1986）
Wilby, Philip	*Firestar*（1983）
Butterworth, Arthur	*Tundra*（1984）
Horowitz, Joseph	*Bacchus on Blue Ridge*（1984）
Bedford, David	*Sea and Sky and Golden Hill*（1985）
Bennett, Richard Rodney	*Morning Music*（1986）
	The Four Seasons（1991）
Lloyd, George	*Forest of Arden*（1988）
MacMillan, James	*Sowetan Spring*（1990）
Patterson, Paul	*The Mighty Voice*（1991）
McCabe, John	*Canyons*（1991）
Maw, Nicholas	*American Games*（1991）
Holloway, Robin	*Entrance; Carousing; Embarkation*（1991）

1970 年代的美國，大學的管樂團已經趨於穩健，各個音樂系與音樂院都有數個不同編制、不同程度的管樂團，甚至沒有音樂系的一般大學也有頗具規模和程度的管樂團，以下幾個調查，應有助於瞭解二十世紀末的美國，管樂團在演奏曲目上的變遷。

首先是一項在 1978 年由愛荷華大學的歐斯特林（Acton Ostling）自 1973 至 1978 年，對全美 312 位管樂團指揮所作的調查，在 1480 首作品中[27]，選出他們認為最具藝術價值的

27 編制在十人以上，且演出時需要指揮的作品。

管樂合奏曲目。

1973 至 1978 年間，最具藝術價值的管樂合奏曲：

Berg, Alban	*Chamber Concerto, Op. 8*
Grainger, Percy	*Lincolnshire Posy*
Mozart, W.A.	*Serenade No. 10, K. 370a*
Hindemith, Paul	*Symphony on B-flat*
Stravinsky, Igor	*Octet*
	Symphonies of Wind Instruments
	Concerto for Piano and Wind Instruments
Holst, Gustav	*Suite No. 1 in E-flat*
Schoenberg, Arnold	*Theme and Variations, Op. 43a*
Husa, Karel	*Music for Prague, 1968*
Holst, Gustav	*Suite No. 2 in F*
Vaughan Williams, Ralph	*Toccata Marziale*
Schuman, William	*New England Triptych*
Copland, Aaron	*Fanfare for the Common Man*
Dukas, Paul	*La peri: Fanfare*
Dahl, Ingolf	*Sinfonietta for Band*
Holst, Gustav	*Hammersmith*
Schuller, Gunther	*Symphony for Brass and Percussion, Op. 16*
Dvorak, Antonin	*Serenade in D minor, Op. 44*
Milhaud, Darius	*Suite Française*
Persichetti, Vincent	*Symphony No. 6*
Handel/Baines/Mackerras	*Music for the Royal Fireworks*
Husa, Karel	*Apotheosis of this Earth*

1983 年，辛辛那提音樂院的霍尼亞克（Robert Hornyak）發表一項名爲「1975-1982 大學院校管樂團最常演奏曲目」的調查報告，其對象分爲兩類，第一類爲只有大學部的大學；第二列爲涉有大學部、研究所和博士班的大學。兩類總結列出二十四首最常演出的曲目，其中二十首爲原創管樂曲，四首爲改編曲。

1975 至 1982 年間，大學院校管樂團最常演奏曲目[28]：

Shostakovich/Hunsberger	*Festive Overture, Op. 96*
Grainger, Percy	*Lincolnshire Posy*
Holst, Gustav	*Suite No. 1 In E-flat*
Sousa, John Philip	*Stars and Stripes Forever*
Grainger, Percy	*Irish tune from County Derry*
Holst, Gustav	*Suite No. 2 in F*
Reed, H. Owen	*La Fiesta Mexicana*
Vaughan Williams, Ralph	*Toccata Marziale*
Jenkins, Joseph	*American Overture*
Hindemith, Paul	*Symphony in B-flat*
Wanger/Caillet	*"Elsa's Procession to the Cathedral"*
Persichetti, Vincent	*Symphony No. 6*
Jacob, Gordon	*William Bryd Suite*
Chance, John Barnes	*Incantation and Dance*
	Variations on a Korean Folk song

28 Hornyak, Robert. *The Repertoire of the College and University Band, 1975-82*, 轉引自 Frank Battisti, *The Twentieth Century American Wind Band/Ensemble,* Galeville: Meredith Music, 1995.

Bernstein/Beeler	*Overture to Candide*
Sousa, John Philip	*Fairest of the Fair*
Grainger, Percy	*Shepherd's Hey*
Ives/Schuman/Rhoads	*Variations on "America"*
Arnold/Paynter	*Four Scottish Dances*
Jacob, Gordon	*An Original Suite*

根據他的研究分析，受訪的大學管樂團習慣重複演奏某些作曲家的作品，第一類的最常演奏蘇沙，第二類的最演奏葛人傑，而且演奏較長的曲目，因此在一場音樂會中的曲目數也比較少。更深入的分析發現，下列作曲家的作品，只出現在第一類大學樂團：

Kenneth Alford	Camille Saint-Saëns
Leroy Anderson	Peter Schickele (P.D.Q Bach)
Elliott Del Borgo	Claude Smith
George Gershwin	Peter Tchaikovsky
Clare Grundman	Samuel Ward
Richard Rogers	John Zdechlik

而下列作曲家的作品，只出現在第二類大學樂團：

Ludwig van Beethoven	Karel Husa
Warren Benson	Roger Nixon
Ingolf Dahl	H. Owen Reed
Walter Hartley	Igor Stravinsky

由此可看出，第二類樂團的曲目比較嚴肅，以及藝術性導向。另外，霍尼亞克的調查研究也發現，並沒有所謂「基

本曲目」，也就是說，各大學樂團的曲目安排，並沒有像交響樂團的貝多芬、布拉姆斯等必修的曲目。

另外，許多在歐斯特林 1973 至 1978 年所做，最具藝術價值的管樂合奏曲目，並未在此曲單中出現，包括許多管樂名作，可說是叫好不叫座。

Berg, Alban	*Chamber Concerto, Op. 8*
Mozart, W.A.	*Serenade No. 10, K. 370a*
Stravinsky, Igor	*Octet*
	Symphonies of Wind Instruments
	Concerto for Piano and Wind Instruments
Husa, Karel	*Music for Prague, 1968*
Schuller, Gunther	*Symphony for Brass and Percussion, Op. 16*
Holst, Gustav	*Hammersmith*
Dvorak, Antonin	*Serenade in D minor, Op. 44*
Handel/Baines/Mackerras	*Music for the Royal Fireworks*

幾年後，費司（Richard K. Fiese）做了類似的調查研究—「1980-1985 大學院校管樂團最常演奏曲目」，對象是美國和加拿大的 930 所大學及學院，他提供受訪者由 130 位作曲家寫的 260 首曲單，另外還有由受訪者自行填寫、未列在曲單上的作品，調查各校樂團的演出情形。在樂團類型方面，43%爲管樂合奏團，42%爲交響管樂團，15%爲其他。

在總數 23,615 場演出中，共有 546 位作曲家的 1398 首曲目，以下是最常演出的。

1980 至 1985 年間，大學院校管樂團最常演奏曲目[29]：

Sousa, John Philip*	*Fairest of the Fair*
Grainger, Percy*	*Irish Tune from County Derry*
Holst, Gustav*	*First Suite In E-flat*
Reed, Alfred*	*Russian Christmas Music*
Vaughan Williams, Ralph*	*English Folk Song Suite*
Fillmore, Henry*	*Americans We*
Chance, John Barnes*	*Incantation and Dance*
Bach, Johann Sebastian*	*Jesu, Joy of Man's Fesiring*
Copland, Aaron*	*Fanfare for the Common Man*
Dello Joio, Norman*	*Scenes from the louvre*
Williams, Clifton*	*The Sinfonians*
Bernstein, Leonard*	*Overture to Candide*
Persichetti, Vincent*	*Divertimento for Band*
Smith, Claude*	*God of our Fathers*
Jacob, Gordon*	*William Bryd Suite*
Shostakovich, Dmitri*	*Festive Overture, Op. 96*
Wagner, Richard*	*"Elsa's Procession to the Cathedral"*
Arnold, Malcolm*	*Four Scottish Dances*
Nelhybel, Vaclav*	*Praise to the Lord*
Bennett, Robert Russell*	*Suite of Old American Dances*
McBeth, Francis*	*Masque*
Ives, Charles*	*Variations on "America"*

29 Richard K. Fiese, "College and University Wind Band Repertoire", 1980-85, *The Journal of Band Research*（Fall 1987）, p. 18.

Gershwin, George	Selections from Porgy and Bess
Hanson, Howard	Chorale and Alleluia
Gould, Morton	American Salute
Hindemith, Paul	Symphony in B-flat
Alford, Kenneth	Colonel Bogey
Zdechlik, John	Chorale and Shaker Dance
Rimsky-Korsakov, Nicolai	Procession of the Nobles
King, Karl L.	Barnum and Bailey's Favorite
Fuak, Julius	Florentiner
Jenkins, Joseph	American Overture for Band
Stravinsky, Igor	Octet for Wind Instruments
Jager, Robert	Third Suite
Hanssen, Johannes	Valdres
Walton, William	Crown Imperial
Rossini, Gioacchino	Overture to Barber of Seville
Strauss, Richard	Allerseelen
Handel, George Frederick	Water Music
Nelson, Ronald	Rocky Point Holiday
Saint-Saens, Camille	Pas Redouble
Texidor, Jaime	Amparito Roco
Benson, Warren	The Solitary Dancer
Mendelssohn, Felix	Overture for Band
Tull, Fisher	Sketches on a Tudor Psalm
Milhaud, Darius	Suite Française
Reed, H. Owen	La Fiesta Mexicana

Husa, Karel	Music for Prague, 19698
Del Borgo, Elliot	Commando March
Barber, Samuel	Mannin Veen
Mozart, Wolfgang Amadeus	Serenade No. 10 in B-flat, K. 370a
Mennin Peter	Canzona
Dvorak, Antonin	"Finale" from "New World Symphony"
Creston, Paul	Celebration Overture
Nixon, Roger	Fiesta del Pacifico
Prokofiev, Sergei	March, Op. 99

這個調查統計的一個現象是，其中二十二位的作曲家（姓名後加註＊號者）展總作曲家人數比例的 4%，他們的作品被演出的比例卻高達 57%。可見重複性非常高，也顯示出樂隊指揮們習慣演奏同樣的作品，如每年重複，或更常見的現象是，演奏同一作曲家不同的作品，這似乎是管樂團指揮共同的習性，中外皆然，因爲同一作曲家如果某些作品成功，簡單的說就是「效果好」，會讓指揮比較有信心再演奏他其他的作品。

和前面霍尼亞克的調查類似，有許多二十世紀名作曲家的作品排名很後面，如 Stravinsky、Bensen,、Husa，還有一些作曲家根本未出現，如 Bassett、Dahl、Messiaen、Schuller、Schuman，在歐斯特林的「藝術曲單」理的作品也有許多並未出現。

從下面幾個樂團的音樂會曲目安排，可以看出，從 1980 年代開始，管樂合奏團和管樂團演出的音樂已有分流的趨勢，前者演奏的音樂，除了德弗札克的《小夜曲》以外，全都是二十世紀的作品，而且多為歐斯特林「藝術曲單」的那一類作品；後者（空軍樂隊和荷德曼樂隊）雖然也有比較「學院派」的二十世紀作品（空軍又比荷德曼多），但基本上曲目比大學的管樂合奏團「親民」。

伊斯曼管樂合奏團

指揮：Donald Hunsberger，1977 年二月二十八日

Percy Grainger	*Hill Song No. 2*
Toshira Mayuzumi	*Music with Sculpture*
Keith Foley	*Evostrata*
Joseph Schwanter	…and the mountains rising nowhere…
H. Owen Reed	*La Fiesta Mexicana*

密西根大學管樂合奏團

指揮：H. Robert Reynold，1981 年十一月一日

Daniel Pinkham	*A Flourish for a Festive Occasion*
Emile Bernard	*Divertissement,* Op. 36
Umberto Bertoni	*The Bear and the Nightingale*
Usko Merilanien	*Partita for Brass*
Nicolai Lopatnikoff	*Concerto for Wind Orchestra,* Op. 41
Donald Hunsberger	

新英格蘭音樂院管樂合奏團

指揮：Frank L. Battisti，1985 年十一月十三日

Igor Stravinsky	Octet for Wind Instruments
E. Maconchy	Music for Brass and Woodwinds（1965）

Antonin Dvorak Serenade in d, Op. 44
Antonin Dvorak Slavonic Dances, Op. 27, NOs.1 and7
R.Perera Chamber Concerto for Brass Quintet,
Leslie Bassett Nine Winds, Piano and Percussion
Sounds, Shapes and Symbols（1977）

瑞士國家青年管樂合奏團

指揮：Felix Hauswirth，1992 年四月二十八日

Richard Strauss *Serenade, op. 7*
Francis Poulenc *Aubade für Kiavier und Kammerensemble*
Bernd A. Zimmermann *Rheinische Kirmestänze*
Bohuslav Martinu *Concertino für Violoncello, Bläserensemble*
Robert Kurka *Der Brave Soldat Schweik,* op.22

美國空軍樂隊

指揮：James M. Bankhead，1987 年六月七日

John Heins *Overture for Band*
Michael Colgrass *Winds of Nagual*
William Kraft *Quintessence*
Warren Benson *Dawn's Early Light*
John Philip Sousa *Hands Across the Sea*
Samuel Barber/Bader *Medea;s Dances of Vengeance*

苟德曼樂隊

指揮：Ainslee Cox，1983 年七月六日

William Boyce	*Overture and March*
Felix Mendelssohn	*Overture for Band,* Op. 24
Max Bruch	*Kol Nidrei*
Maurice Whitney	*Concerto for Trumpet and Band*
Johann Strauss	*Hunting Polka*
John Philip Sousa	*Balance All and Swing Partners*
John Philip Sousa	*March, "Sesquicentennial"*
Percy Grainger	*Hill Song No. 2*
Percy Grainger	*Ye Banks and Bress O' Bonnie Doon*
Robert Russell Bennett	*Suite of Old American Dances*
Victor Herbert	*Pan-American*
Victor Herbert	*Favorites*

在霍尼亞克的調查裡，也點出了一個現象，那就是在大學裡如果同時存在管樂合奏團和交響管樂團，則前者的地位高於後者；如果同時存在交響管樂團和一般的管樂團（Concert Band），則前者的地位也高於後者。因此，在大學裡（無論有無音樂院系），管樂合奏團演奏的曲目，往往是最「學院派」的。

由於前述的三個調查研究，其對象都是大學院校的管樂團，在高中樂團的部分，也有兩項有關演奏曲目的調查研究，1986 年，諾克洛斯（Brian Norcross）對美國東北部的幾個州，共計 1100 位高中管樂團指揮發出問卷調查，統計 1980 至 1985 年間演奏的曲目，在回收的六十三位指揮、代表八十三個樂團的問卷中，計有 539 位作曲家、1412 首作品的 2449

曲次的演出，演出次數最高的作曲家是[30]：

作曲家	演出次數	作品數
Anderson, Leroy	84	12
Sousa, John Philip	83	24
Bach,Johann Sebastian	57	27
Reed, Alfred	55	21
Grundman, Clare	50	17
Swearingen, James	46	11
Erickson, Frank	45	19
Lowden, Robert	45	21
Ployhar, James	41	30
Holst, Gustav	39	8

他的分析結論是，高中樂隊並未存在標準曲目，因爲沒有任何一個管樂團演奏過，調查中排名前四名的作曲家的同一首作品[31]，種個統計來看，作曲家人數眾多、作品雜陳。

今天，稍有經驗的管樂團指揮都可看出，除了巴哈（改編曲）、霍爾斯特的作品以外，其餘的藝術性並未得到很高的評價，令人驚訝的是霍爾斯特的作品不受青睞。

到 1990 年代，有識之士對於高中管樂團演奏曲目之庸俗化更感憂心，一般的評論是：旋律與和聲陳腐，曲式幾乎都是 ABA 或快慢快三段體，而且不同的樂曲之間，相似度極高。在小學階段有太多可愛有餘、內涵不足的流行風小曲，有很多所謂「教育性」的樂曲，其實沒有什麼教育價值[32]。許多創作、出版、演出的作品都太過商業化，充斥著美國的電視、電影及流行音樂。甚至很多銷售量很好的音樂，在內

30 Brian Norcross, “The High Band Repetoire 1980-85”（Unpublished）, New England Conservatory of Music, 1986.

31 例如：所有樂團都演奏過安德森的《號兵的假期》。

32 Frank Battisti, *The Twentieth Century American Wind Band/Ensemble,* Galeville: Meredith Music, 1995.

容上也是想辦法讓樂曲「好聽」，以迎合市場的品味。

這些樂曲無法提升學生的演奏技術與藝術內涵，因此有不少樂團指揮轉而回頭找尋 1950、60 年代的曲目。本身也涉足出版業的管樂界大老芬奈爾，也認爲：「在這一行裡，有太多不顧品質、只顧銷售量的出版商。」MENC 前任主席布里頓（Allen Britton），曾爲文指出：「學習樂器演奏的目的是學習音樂，演奏是有趣的事，但要演奏值得演奏的音樂，才會有趣[33]。」

因此，在二十世紀末，美國的各個和管樂團及音樂教育有關的機構、協會，仍然持續的透過研討會、音樂節等活動，來提升各級學校管樂團演奏的內容。

1998 年，爲了探詢，進而建立高中管樂團的核心曲目，蓋尼斯（David A. Gaines）做了一次針對 MENC 會員的高中管樂團指揮的問卷調查，和前面的調查不同的是，蓋尼斯不作演出曲目統計，而只是問樂團指揮心目中，樂團必須演奏的核心曲目，並按得票百分比排名如下：

排名	作曲家	曲　名	百分比
1	Holst, Gustav	*First Suite in E-flat*	96.15%
2	Holst, Gustav	*Second Suite in F*	95.86%
3	Vaughan Williams, Ralph	*English Folk Song Suite*	95.04%
4	Grainger, Percy	*Irish Tune from Country Derry*	93.65%
5	Chance, John Barnes	*Variations on a Korean Folk Song*	88.98%
6	Schuman, William	*Chester*	87.56%
7	Zdechlik, John	*Chorale and Shaker Dance*	85.50%
8	Bach, Johann S.	*Jesu, Joy of Men's Desiring*	84.91%
9	Chance, John Barnes	*Incantation and Dance*	81.31%

33 Allen Britton, "Aerican Music Education: Is It Better Than We Think?" 轉引自 Battisti。

10	Shostakovich, Dmitri	*Festive Overture, Op.96*	80.73%
11	Wagner, Richard	*Elsa's Procession to the Cathedral*	80.73%
12	Ericson, Franck	*Tocata*	80.51%
13	Copland, Aaron	*Variations on a Shaker Melody*	79.65%
14	Reed, Alfred	*Russian Christmas Music*	79.51%
15	Grainger, Percy	*Shepherd's Hey*	79.46%
16	Reed, Alfred	*A Festival Prelude*	79.29%
17	McBeth, Francis	*Chant and Jubilo*	79.20%
18	Rimsky-Korsakov, Nicolai	*Procession of the Nobles*	78.54%
19	Grundman, Clare	*American Folksong Rhapsody No. 3*	77.11%
20	Grundman, Clare	*American Folksong Rhapsody No. 1*	77.09%
21	Grainger, Percy	*Lincolnshire Posy*	76.68%

這個曲單其實很切中實際，因爲前述由歐斯特林主持的所謂「藝術曲單」調查，都是由任教於大學、音樂院的指揮提出，有太多曲高和寡的曲目；霍尼亞克和費司的調查對象爲大學；諾克洛斯的調查對象雖然爲高中，但和前兩者一樣，只有指出「現象」，沒有更進一步的答案。

這個「核心曲目」，提供了高中樂團指揮很好的參考價值，作爲音樂教育重要的一環，管樂團演奏的音樂內容，才是其「核心價值」。

第九章　結　論

經過以上之研究，筆者提出之研究目的已大致獲得滿足，因而獲致以下之結論：

一、管樂團的「文化根源」說：透過各種文獻的研究，筆者得到的結論是，軍樂隊和莫札特、白遼士、古諾、史特勞斯等人的作品，都是現代管樂團的文化根源，前者爲表，後者爲裡，但是這兩股根源，要到二十世紀下半葉，管樂合奏團出現，而且軍樂隊的人才「平民化」之後，才匯流在一起。

在此之前，許多對軍樂隊功能的描述，以及其演奏的音樂，都顯示和莫札特等人的音樂無關；而莫札特至古諾這一脈的室內樂傳統，其創作、演出都和貴族階級、十九世紀上流社會或「沙龍」相聯繫，在歷史上的大部分時間以及大部分地區，這兩類管樂演奏家是沒有交集的，學者布立（Leon Joseph Bly）也持相同看法[1]。管樂合奏團出現之後，一方面繼承軍樂隊的血統，另一方面又因二十世紀高水準的音樂教育，培養出優秀的演出人才，得以演奏精緻的室內樂曲，以及兼容並蓄的氣度，能接受不同風格的音樂，才成就管樂團

1 Leon Joseph Bly,"Wind Band in Continental Europe", Cipolla, Frank J., & Hunsberger, Donald. *The Wind Band It's Repertoire,* New York: Rochester University Press, 1994.

今日豐富的面貌。

因此，如果執著於任何一種說法，都失之偏頗。

二、歐洲與美國軍樂隊/管樂團發展的軌跡不同：歐洲由於地理與歷史因素使然，不同的文化產生不同的音樂文化，當然其軍樂隊也有不同的發展面貌。雖然美國的管樂發展源自歐洲，但是到了二十世紀，就有顯著的不同，主要的原因是管樂團發展的重心，慢慢轉移到學校，透過教育，把一切標準化，也由於學校教育，造就美國成爲全世界管樂參與人口最多的國家。

而歐洲仍維持他們幾百年來的傳統，除了軍樂隊以外，管樂團都是「社區型」的，它根植於社會中下層，是最「庶民」的文化，時至今日，雖然也有受到美國或各國之間互相的影響，歐洲各國，甚至國家中的不同地區，都保有獨自的特色，如西班牙管樂團往往編制龐大，且加大提琴；荷比盧地區和瑞士的 fanfare ── 銅管加薩克斯風樂團，法國的薩克斯號家族，德語區與捷克慣用富魯格號，奧地利與東歐國家的降 A 高音豎笛等，都是特色，也因爲這樣，世界的音樂才更多采多姿，在一切都陷入「全球化」的迷思之後，讓各個國家地區，保有其獨特的文化，正式二十一世紀的新思維。

對於歐洲的資訊與研究，向來是國內較缺乏的，加以國內管樂的發展，多追隨美、日的腳步，因此對歐洲的文化並多無深入的瞭解，但如果率爾批評歐洲爲「沒有進步，只會模仿美國」，則無疑爲偏執之言。

三、當今管樂團的編制，不止「管樂合奏團」一種：和交響樂團相比，管樂團是比較具有平民色彩的，由於長久以來沒有足夠的曲目支撐，致使它無法像交響樂團那樣，可以因爲市場需求量大、演出多，而很早就職業化，二十世紀以後出現的少數職業管樂團，也無法像交響樂團，在同一場地密集的演出。在經濟的考量下，職業管樂團多採取最小的編制，也就是管樂合奏團，在他們的帶動之下，很多非職業性的樂團或社區樂團也起而效尤，就有點矯枉過正，畢竟這種樂團比較適合技術與經驗成熟的演奏者，傳統型的管樂團還是有其存在的必要與意義。

四、曲目的擴大與提升：研究歐美管樂團曲目的創作及演奏的發展，從大部分曲目爲改編自管弦樂曲的時代，進步到管樂原創曲目百家爭鳴、不虞匱乏的今日，是無數的作曲家與管樂團指揮努力的結果。站在教育與藝術的立場，演奏好的音樂，有助於提升美感與性靈，因此，慎選好的曲目，是一個樂團指揮責無旁貸之務。

有人主張，身處二十一世紀的管樂團，已有足夠的曲目，不必再演奏管弦樂改編曲。但是，從曲目的研究中，到二十世紀末的調查，都依然肯定管弦樂改編曲的價值，這些歷經數十年，甚至數百年時間考驗的偉大作品，在教育與藝術上的功效是難以取代的，所以不宜偏廢，只要選擇適合樂團編制與程度、好的改編，就會是好的曲目。

五、學校與社區管樂團發展：管樂團在學校與社區兩個不同發展的領域，正好分別是美國與歐洲的強項，美國以其龐大的教育資源，將器樂教學與樂團活動引進教育體系，是其成爲管樂大國的關鍵因素；而歐洲以其大城小鎮綿密的社區網絡，悠久而紮實的的傳統，也造就歐洲管樂不可小覷的貢力。前者的團員結構是水平式的，也就是由同年齡層的組成；後者爲垂直式的，由老少不同年齡的人組成，兩者都值得借鏡。

六、研究不足之處：本研究之題目「近代管樂團之形成與發展」，其研究範圍牽涉到歐洲與美國的軍樂隊與管樂團發展，未能親身前往歐美蒐集第一手文獻資料，以致於無法更接近歷史現場，或呈現前人所未觸及的資料，殊爲可惜。幸賴諸多之參考文獻，以及網路發達，資料搜尋之便利，和以往不可同日而語，多少彌補此遺憾。

七、對於未來研究的建議：歷史的研究，有助於瞭解事物的發展，管樂器的歷史、個別國家的管樂團發展史、個別樂團的歷史、斷代史、管樂教育、對管樂團的發展特別有貢獻的人物—如薩克斯、蘇沙的研究；管樂作曲家及管樂作品的整理與分析等。在國內方面，日治時期的臺灣管樂發展、光復後的管樂發展、學校管樂團、音樂比賽等，都是值得研究的題目，期待有志之士一齊爲豐富華文的管樂團文獻努力。

附録一：

適合大學、音樂院與職業管樂團的二十世紀推薦曲目（不含進行曲）[1]

Adams, John

Short Ride in a Fast Machine（1986）（Arr. L. Odom）

Amram, David *King Lear Variations*（1966）

Arnold, Malcolm

Four Scottish Dances（Arr. J. Paynter）（1957）

Ball, Michael *Omaggio*（1987）

Bassett, Leslie *Concerto Grosso*（for brass quintet, wind and percussion ensemble）（1982）

Designs, Images and Textures（1966）

Sounds, Shapes and Symbols（1977）

Beckerath, Alfred von *Sinfonie fur Blasorchester*（1942）

Bedford, David

Sun Paints Rainbows over the Vast Waves（1982）

Bennett, Richard Rodney *Morning Music*（1986）

The Four Seasons（1991）

Concerto for Trumpet and Wind Orchestra（1993）

Bennett, Robert Russell *Suite of Old American Dances*（1949）

Symphonic Songs for Band（1958）

Benson, Warren *Concertino*（solo for alto saxophone）（1954）

1 Frank Battisti, The Winds of Change, Galeville, Meredith Music, 2002.

Symphony for Drums and Wind Orchestra（1963）
The passing Bell（1974）
Dawn's Early Light（1987）
The Leaves Are Falling（1964）
Recuerdo（solo ob./English horn and wind ensemble）（1966）
Shadow Wood（solo for Soprano）（revised 1991）
The Solitary Dancer（1969）
Symphony II, "Lost Songs"（1983）
Meditation on "I Am for Peace"（1990）
Danzon（1991）
Adagietto（1992）

Berg, Alban
Chamber Concerto for violin, Piano and 13 Wind Instruments, Op.8（1925）

Berio, Luciano *Points on a Curve to find*（1974）
Bernstein, Lenoard *Prelude, Fugue and Riffs*（1950）
Britten, Benjamin *Russian Funeral Music*（1936）
Brouwer, Leo *Cancion de Gesta*（1979）
Bush, Alan *Scherzo for Wind Orchestra*（1969）
Cage, John *Fifty-eight*（1992）
Casterede, Jacques
Concertino for Trumpet and Trombone（1959）
Chance, John Barnes *Incantation and Dance*（1961）
Symphony No.2（1972）
Variations on a Korean Folk Song（1965）

Colgrass, Michael *Winds of Nagual*（1985）

Arctic Dreams（1991）

Copland, Aaron

El Salon Mexico（1936/1966）（Arr. M. Hindsley）

Emblems（1964）

Lincoln Portrait（1942/1951）（Arr. W. Beeler）

An outdoor Overture（1942）

Corigliano, John *Gazebo Dances*（1974）

Creston, Paul *Celebration Overture*（1955）

Crosse, Gordon

Concerto da camera, Op.6（solo Oboe and Ensemble）（1962）

Dahl, Ingolf

Concerto for Alto Saxophone and Wind Orchestra（1949）

Sinfonietta for Concert Band（1961）

Dello Joio, Norman *Fantasies on a Theme by Haydn*（1967）

Variants on a Mediaeval Tune（1962）

Druckman, Jacob *Engram from "Prism"*（1986）

Erb, Donald *Centotaph*（1979）

Etler, Alvin *Concerto for clarinet and Chamber Ens.*（1962）

Finney, Ross Lee *Skating on the Sheyenne*（1978）

Fiser, Lubos *Report*（1971）

Gershwin, George *Rhapsody in Blue*（1924）

Giannini, Vittorio *Symphony No.3*（1959）

Gould, Morton *Symphony No.4*（West Point）（1952）

Grainger, Percy *Colonial Song*（1918）

Hill Song No.1 （1902）
Hill Song No.2（1907/1947）
Irish Tune from Country Derry and Shepherd's Hey（1918/1913）
Lincolnshire Posy（1937）
Molly on the Shore（1920）

Gregson, Edward *Metamorphoses*（1979）
Celebration（1991）

Hahn, Reynaldo *Le Bal de Beatrice d'Este*（1906）

Hanson, Howard *Chorale and Alleluia*（1954）

Harbison, John *Music for 18 Winds*（1985）
Three City Blocks（1993）

Hartley, Walter *Concerto for 23 Winds*（1957）

Hindemith, Paul *Kammermusik No.7,* Op.46/2（1927）
Konzertmusik fur Klavier, Blechblaser und Harfen,（1930）
Symphonic Metamorphoses of Themes by Weber（Trans.. Wilson）（1943）
Symphony in B-Flat（1951）

Holst, Gustav
Hammersmith（Prelude and Scherzo）, Op.52（1930）
First Suite for Military Band in E-flat, Op.28（1909）
Second Suite For Military Band in F, Op.28（1911）

Honegger, Arthur *Le Roi David*（original version）（1921）

Hovhaness, Alan *Symphony No.4,* Op.165（1958）

Husa, Karel *An American Te Deum*（1976）

Apotheosis of this Earth（1970）

Concerto for Alto Saxophone and Concert Band（1967）

Concerto for Percussion and Wind Ensemble（1971）

Concerto for Wind Ensemble（1982）

Music for Prague, 1968（1968）

Ibert, Jacques *Concerto for Cello and Winds*（1926）

Ives, Charles *Calcium Light Night*（1907）

Variations on "America"（1891/1968）

Decoration Day（Trans. J. Elkus）（1912）

Jacob, Gordon *William Byrd Suite*（1923）

Old Wine in New Bottles（1960）

An Original Suite（1928）

Music for a Festival（1951）

Jager, Robert *Second Suite*（1965）

The wall（1993）

Jolivet, Andre *Concerto No.2 for Trumpet*（1954）

Keulen.Geert van *Chords for Blazers*（1974）

Kurka, Robert *Good Soldier Schweik: Suite,* Op.22（1957）

Lang,Istvan *Concerto for violin and Wind Ensemble*（1979）

Lendvay, Kamillo *Concertino*（1959）

Lopatnikoff, Nikolai *Concerto for Wind Orchestra,*（1963）

Lutoslawski, witold

Trois Poemes d'Henri Michaux（pour Choeur a 20parties et Orchestre）（1963）

Maconchy, Elizabeth *Music for Woodwind and Brass*（1966）

Mailman, Martin
For Precious Friends Hid in Death's Dateless Night（1988）
Maslanka. David *A Child's Garden of Dreams*（1981）
Concerto for Marimba and Winds（1990）
Symphony No.2（1985）
Maw, Nicholas *American Games*（1991）
Mcbeth, W. Francis *The Seventh Seal*（1971）
McCabe, John *Canyons*（1991）
Meij, Johan de *The Lord of the Rings: Sym. No.1*（1984-87）
Mennin, Peter *Canzona*（1951）
Messiaen, Olivier *Colours of the Celestial City*（1963）
Et Exspecto Resurrectionem Mortuorum（1964）
Oiseaux Exotiques（1956）
Miaskovsky, Nikolai *Symphony No.19 in E-flat,* Op.46（1939）
Milhaud, Darius *Dixtuor*（Little Symphony No.5）（1922）
Suite Française, Op. 248（1944）
Nelson, Ronald *Te Deum Laudamus*（1988）
Passacaglia（Homage to B-A-C-H）（1992）
Rocky Point Holiday（1969）
Nixon, Roger *Fiesta del Pacifico*（1960）
Noon, David *Sweelinck Variations*（I, II, III）（1976-79）
Otterloo, Willem van *Symphonietta for Woodwinds*（1948）
Serenade for Brass, Harp, Piano, Celesta and Percussion（1944）
Orff, Carl *Carmina Burana*（Suite）（Arr. J. Krance）（1967）
Penderecki. Krzystof *Pittsburgh Overture*（1967）

Perle, George *Concertino for Piano, Timpani and Winds*（1979）

Persichetti, Vincent *Celebrations*（Canata No.3（1966）

Divertimento for Band, Op.42（1950）

Masquerade for Band, Op.102（1965）

Parable IX, Op.121（1972）

Psalm for Band（1952）

Symphony for Band（1956）

Piston, Walter *Tunbridge Fair*（1950）

Poulenc, Francis *Suite Français*（1935）

Rands, Bernard *Ceremonial*

Reed, Alfred *Russian Christmas Music*（1944）

Armenian Dances（Part I-1972; Part II-1975）

Symphony No.3（1988）

Reed, H. Owen *La Fiesta Mexicana*（1949）

Reynolds, Verne *Scenes*（1971）

Scenes Revisited（1977）

Rodrigo, Joaquin *Adagio*（1966）

Rogers, Bernard

Three Japanese Dances（1933; wind version 1953）

Rorem, Ned *Sinfonia*（1956 - 57）

Rovenstrunck, Bernhard

Kammersinfonie fur 15 Blaser und Kontrabass（1961）

Schmitt, Florent *Dionysiaques,* Op.62（1913）

Lied et Scherzo, Op.54（1910）

Schoenberg, Arnold *Theme and Variations,* Op. 43a（1943）

Schuller, Gunther

Diptych for Brass Quintet and Concert Band（1964）

Meditation（1963）

On Winged Flight: A Divertimento for Band（1989）

Symphony for Brass and Percussion, Op. 16（1950）

Symphony No.3, "In Praise of Winds"（1981）

Schuman, William

George Washington Bridge: An Impression for Band（1950）

New England Triptych（1956/1975）

Chester（1957）

When Jesus Wept（1959）

Be Glad Then America（1975）

Schwantner, Joseph*...and the mountains rising nowher*（1977）

From a Dark Millennium（1980）

Shostakovich, Dmitri

Festive Overture, Op. 96（Arr. D. Hunsberger）（1954/1964）

Stokes, Eric *The Continental Harp and Band Report*

（"An American Miscellany"）（1975）

Strauss, Richard

Festmusik der Stadt Wien AV 133（brass and timpani）（1943）

Symphonie in F（Sonatine）,AV 135（1943）

Symphonie in E-flat, AV 143（1945）

Stravinsky, Igor

Concerto for Piano and Wind Instruments（1924/1950）

Ebony Concerto（1945）

Octet for Wind Instruments（1923/1952）

Symphonies of Wind Instruments（1920）

Symphonies of Wind Instruments（1947）

Symphony of Psalms（1930/1948）

Stucky, Steven *Voyages*（for cello and wind orch.）（1984）

Tippett, Michael

Mosaic（Concerto for Orchestra, Movement 1）（1963）

Triumph（1993）

Toch, Ernst *Spielmusik fur Blasorchester,* Op.39（1926）

Tull, Fisher *Sketches on a Tudor Psalm*（1971）

Varese, Edgard *Deserts*（1954）

Hyperprism（1923）

Integrales（1925）

Octandre（1923）

Vaughan Williams, Ralph *English Folk Song Suite*（1923）

Scherzo alla Marcia（Symphony No.8, Movement 3）（1956）

Toccata Marziale（1924）

Walton, William *Façade*（An Entertainment）（1922）

Weill, Kurt

Concerto for Violin and Wind Orchestra, Op.12（1924）

Das Berliner Requiem（1928）

Kleine Dreigroschenmusik（1929）

Wilby, Philip *Firestar*（1983）

Wilson, Dana *Piece of Mind*（1987）

Williams, Clifton *Fanfare and Allegro*（1956）

附錄二

適合高中管樂團的二十世紀推薦曲目

（不含進行曲）[1]

Adler, Samuel	A Little Night and Day Music（1977）
Arnold, Malcolm	
	Four Scottish Dances（Arr. J. Paynter）（1975/1968）
	Prelude, Siciliano and Rondo（1979）
Bassett, Leslie	Designs, Images and Textures（1965）
Bedford, David	Ronde for Isolde（1985）
Bennett, Robert R.	Suite of Old American Dances（1949）
Benson, Warren	Remembrance（1963）
	The Solitary Dancer（1969）
Bernstein,Leonard	Overture to Candide（Arr. W. Beeler）（1955）
Bielawa, Herbert	Spectrum（1966）
Broege, Timothy	Sinfonia IV（1983）
Chance, John Barnes	Incantation and Dance（1961）
	Variations on a Shaker Melody（1960）
Cowell, Henry	Hymn and Fuguing Tune No.1（1943）
Creston, Paul	Celebration Overture（1955）
Del Borgo, Elliot	Do not Go Gentle Into That Good Night（1979）
Dello Joio, Norman	Variations on a Mediaeval Tune（1962）

1 Frank Battisti, The Winds of Change, Galeville, Meredith Music, 2002.

Scenes from the Louvre（1964）

Fantasies on a Theme by Haydn（1958）

Duffy, Thomas Crystals（1985）

Erb, Donald Stargazing（1967）

Symphony for Winds（1990）

Giannini, Vittorio Fantasia for Band（1963）

Grainger, Percy Irish Tune and Shepherd's Hey（1918/1913）

The Sussex Mummers' Christmas Carol（Arr. R. F. Goldman）（1965）

Lincolnshire Posy（1937）

Gregson, Edward Festivo（1985）

Gould, Morton Ballad for Band（1946）

Hanson, Howard Chorale and Alleluia（1954）

Laude（1976）

Hartley, Walter Sinfonia No.4（1965）

Hennagen, Michael Jubilee（1971）

Hindemith, Paul

"March" from Symphonic Metamorphoses（Arr. K. Wilson）（1943）

Holst, Gustav

First Suite for Miltary Band in E-flat, Op. 28（1909）

Second Suite for Miltary Band in F, Op.28（1911）

Hovhaness, Alan Three Journeys to a Holy Mountain（1970）

Husa, Karel Al Fresco（1975）

Iannaccone, Anthony After a Gentle Rain（1981）

Ives, Charles

Old Home Days（Suite for Band）（Arr. J. Elkus）（1974）

The Alcotts（Arr. R. thurston）（1972）

Ives, Charless/Schuman

Variations on "America"（Arr. W. Rhoads）（1891/1968）

Jacob, Gordon　William Byrd Suite（1923）

Old Wine in New Bottles（1960）

Jager, Robert　Third Suite（1965）

Jenkins, Joseph　An American Overture（1959）

Latham, William　Three Chorale Preludes（1956）

Court Festival（1956）

Lo Presti, Ronald　Elegy for a Young American（1964）

Maslanka, David　Rollo Takes a Walk（1985）

McBeth, Francis　Kaddish（1976）

Mennin, Peter　Canzona（1951）

Nelhybel, Vaclav　Symphonic Movement（1966）

Nelson, Ronald　Rocky Point Holiday（1969）

Morning Alleluias for the Winter Solstice（1989）

Paulson, John　Epinicion（1975）

Pennington, John　Apollo（1968）

Persichetti, Vincent　Serenade No.1, Op.1（1920）

Divertimento for Band, Op.42（1950）

Psalm for Band（1952）

Pageant（1953）

Symphony No.6（1956）

Serenade for Band（1961）
Chorale Prelude: Turn Not Thy Face（1963）

Poot, Marcel — Mosaique（c.1920）

Milhaud, Darius — Suite Française（1944）

Nixon, Roger — Fiesta del Pacifico（1960）

Reed, Alfred — Russian Christmas Music（1944）
A Festival Prelude（1962）
Armenian Dances（Part 1-1972; Part 2-1975）

Reed, H. Owen — La Fiesta Mexicana（1949）

Russell, Armand — Theme and Fantasia（1962）

Schuller, Gunther — Meditation（1963）

Schuman, William — George Washington Bridge（1950）
Chester（Overture for Band）（1957）
When Jesus Wept（1959）

Shostakovich, Dmitri
Festive Overture, Op.96（Arr. D. Hunsberger）（1954/1964）

Stamp, Jack — Past the Equinox（1988）

Thomson, Virgil — A Solemn Music（1949）

Ticheli, Frank — Cajun Folk Songs（1990）
Gaian Visions（1990）

Tull, Fisher — Sketches on a Tudor Psalm（1971）

Vaughan Williams, Ralph — English Folk Song Suite（1923）
Toccata Marziale（1924）

Williams, Clifton — Fanfare and Allegro（1956）
Symphonic Suite（1957）

Woolfenden, Guy	Illyrian Dances（1986）
Youtz, Gregory	Scherzo for a Bitter Moon（1984）
Zdechlik, John	Chorale and Shaker Dance（1972）

參考書目

一、期　刊

Band Director's Guide

Band Journal

Brass Bulletin

Journal of Band Research

The Instrumentalist

Winds

音樂時代

省交樂訊

樂覽

二、專　書

中文：

Charles R. Hoffer：音樂教育概論 李茂興譯 呂淑玲校閱 臺北 揚智文化 1997。

徐頌仁：歐洲樂團之形成與配器之發展 台北 全音樂譜出版社 民72

韓國璜：韓國璜音樂論文集（三） 臺北 樂韻 1992

格勞特、帕利斯卡合著：西方音樂史　汪啓章等譯 北京 人民音樂出版社 1996

沈旋、谷文嫻、陶辛：西方音樂史簡編 上海音樂出版社 上海 1999

王九丁：西洋音樂的風格與流派－威尼斯樂派 北京 人民音樂出版社 1999

音樂之友社：作曲家別名曲解說 — 莫札特 I 林勝宜譯 臺北 美樂出版社 2000

馬蒂耶：法國史 鄭德弟譯 上海 上海譯文出版社 2002

威爾遜-狄克森合著：西洋宗教音樂之旅　華禕、戴丹合譯 上海 上海人民美術出版社 2002

克內普勒：19 世紀音樂史　王昭仁譯 北京人民音樂出版社 2002

布洛姆：莫札特書信集 錢仁康編譯 上海 上海音樂學院出版社 2003

維多爾：現代樂器學 北京 人民音樂出版社 2004

陳小魯：基督宗教音樂史 宗教文化出版社 北京 2006

文朝利：你可能不知道的法國 北京 中國發展出版社 2008

許雙亮：管樂合奏的歷史 台北 文史哲出版社 2009

外文：

Baines, Anthony. *Brass Instruments,* Their History and Development, New York: Dover, 1980.

Berlioz, Hector. *Mémoires,* Paris: Garnier-flammarion, 1969.

Berlioz, Hector. & Strauss, Richard. *Treatise on*

Instrumentation, New York: Dover Publications,1991.

Battisti, Frank. *The Winds of Change,* Galeville: Meredith Music, 2002.

Battisti, Frank. *The Twentieth Century American Wind Band/Ensemble,* Galeville: Meredith Music, 1995.

Bevan, Clifford. *The Tuba family,* London: Faber And Faber, 1978.

Bierley, Paul E. *Jean-Philip Sousa, American Phenomenon,* Miami: Warner Brother Publication, 2001.

Carse, Adam. *History of Orchestration* , New York: Dover Publications, 1964.

Carse, Adam. *Musical Instruments,* New York: Dover Publications, 2002.

Cipolla, Frank J., & Hunsberger, Donald. *The Wind Band It's Repertoire,* New York: Rochester University Press, 1994.

Cipolla, Frank J., Raoul F. Camus. *The Great American Band,* New York: The New York Historical Society, 1982.

Dufourcq, Norbert. *La Musique Française,* Paris: Editions A. et J. Picard, 1970.

Dufourcq, Norbert. *Pitite histoire de la Musique,* Paris: Larousse, 1960.

Fennell, Frederick, etc. *Conductors Anthology,* Northfield: The Instrumentalist Publishing , 1989.

Fennell, Frederick. *Time and the Winds,* Kennosha: G. Leblanc Corporation.

Gagnepian, Bernard. *La Musique Française du Moyen Age,* Paris: Presses Universitaires de France, 1961.

Goldman, Richard Franko, *The Wind, It's literature and Technique,* Boston: Allyn and Bacon, 1961.

Grout, Donald Jay. & Palisca, Claude V. *A History of Wstern Music,* 4th ed. New York: Norton, 1988.

Haine, Malou. & Keyser, Ignace. *Historique de la Firme, La Facture Istrumentale Européenne,* Paris:Musée du CNSM de Paris, 1985.

Haine, Malou. & De Keyser, Ignace. *Instruments Sax,* Sprimont: Mardaga, 2000.

Hansen, Richard. *The American Wind Band-A Cultural History,* Chicago: GIA, 2005.

Herbert, Trevor. *The Cambridge Companion to Brass Instruments,* Cambridge: Cambridge University Press, 2002.

Herbert, Trevor. *The Trombone,* New Haven & London: Yale University Press, 2006.

Janetzky, Kurt. & Brüchle, Bernhard. *Le Cor,* Paris: Édition Payot Lausnne, 1977.

Lescat, Philippe. *l'Enseignement Musical en France,* Paris: Fuzeau, 2001.

Munrow, David. *Instruments of the Middle Age and Renaissance,* London: Oxford university Press, 1976.

Newsome, Roy. *Brass Roots, A hundred years of brass bands*

and their music, Aldershot: Ashgate, 1997.

Olsen, Kenneth. E. *Music and Musket, Bands and Bandsmen of the American Civil War,* Westport: Greenwood Press, 1981.

Pestelli, Giorgio. *The Age of Mozart and Beethoven,* Cambridge: Cambridge University Press, 1993.

Smith, Erik. *Mozart Serenades, Divertimenti and Dances,* London: BBC, 1982.

Smith, Norman. *March Music Notes,* Lake Charles, 1986.

Stolba, Marie. *The Development of Western Music,* Dubuque:Wm. C. Brown, 1990.

Tarr, Edward. *La trompette,* Lausanne: Hallwag Berne et Payot, 1977.

Tranchefort, François-René. *Les Instruments de Musique dans le Monde,* Paris: Édition de Seuil, 1980.

Whitwell, David. *A Concise History of The Wind Band,* St. Louis: Shattinger, 1985.

Fennell, Frederick. *Basic Band Repertory,* 日文版 秋山紀夫譯 東京 佼成出版社 1985

田中久仁明等：吹奏楽 188 基礎知識 東京 音樂之友出版社 1997

伊藤康英：管樂器の名曲名演奏 東京 音樂之友社 1998

吹奏楽雜學委員會：おもしろ吹奏楽雜學事典 東京 YAMAHA 音樂媒體事業部 2006

赤松文治等：吹奏楽講座 7－吹奏楽の編成と歷史 東京 音樂之友社 昭和 58 年

佐藤洋等：はじめての吹奏樂 東京 音樂之友出版社 1997

秋山紀夫：*Band Music Index 525* 東京 佼成出版社 1988

秋山紀夫：*March Music 218* 東京 佼成出版社 1985

磯田健一郎、古園麻子：*MUSIC*－芬奈爾自述 東京 音樂之友出版社 2002

磯田健一郎：吹奏楽名曲・名演 東京 立風書房 1999

磯田健一郎等：吹奏楽實用知識 東京 音樂之友出版社 1996

三、工具書

Arnold, Denis. ed. *The New Oxford Companion to Music,* Oxford: Oxford University Press, 1983.

Fedorov, Vladimir. ed. *Terminorum Musicae Index Septem Linguis Redactus,* Budapest: Akademia Kiado, 1980.

Hindley, Geoffrey. ed. *The Larousse Encyclopedia of Music,* London: Hamlyn Publishing, 1971.

Honegger, Marc. ed. *Dictionnaire de la Musique,* Paris: Bordas, 1976.

Honegger, Marc. ed. *Histoire de la Musique,* Paris: Bordas, 1982.

Randel, Don Michael. *The New Harvard Dictionary of Music,* Cambridge: The Belknap Press of Harvard University Press, 1996.

Sadie, Stanley. ed. *The New Grove Dictionary of Music and Musicians,* London: Macmillan Publishers Limited, 1980.

Sadie, Stanley. ed. *The New Grove Dictionary of Musical Instruments,* London: Macmillan Publishers Limited, 1984.

音樂之友社：標準音樂辭典 林勝宜譯 臺北美樂出版社 1999

廖瑞銘主編：大不列顛百科全書中文版 台北 丹青圖書 1989

四、有聲資料

Dvorak, Myslivecek: Bläserenaden, Koln :EMI-724355551221, 1995.

Turkish Military Band Music of Ottoman Empire, Tokyo: King Record KICW-1001, 1991.

A Baroque Celebration, New York: Dorian Recording, DOR-90189, 1993.

Trumpet of 19 century, 濱松市：濱松市樂器博物館 LMCD-1835, 2006.

Klangführer, Durch die Sammlung Alter Musikinstrumente, Wien: Wien Kunsthistorisches Museum, CD-516537-2, 1993.

Mozart: Divertimenti, Serenades, Germany: Philips-464790-2, 2000.

五、專　刊

Mayol, Jean Loup.*150 ans de la Garde Republicaine,* Paris : Cannétable, 1998.

Rickson, Roger. *Fortissimo, A Bio-discography of Frederick Fennell,* Cleveland: Ludwig Music Publication, 1993.

Tiberghien, Katia. *Guide du Musée de la Musique,* Paris: Édition de la Réunion des Musée Nationaux, 1997.

圖 錄

第二章

圖 2-1 *Brass Bulletin,* No. 102, 1999.

圖 2-2 *Brass Bulletin,* No. 102, 1999.

圖 2-3 Martinotti, Sergio. *La naissance de la Symphonie,* Milano: Montadori Editore,1981.

圖 2-4 Sadie, Stanley. ed. *The New Grove Dictionary of Music and Musicians,* London: Macmillan Publishers Limited, 1980.Vol. 19.

圖 2-5 Cipolla, Frank J., & Hunsberger, Donald. *The Wind Band It's Repertoire,* New York: Rochester University Press, 1994.

圖 2-6 Sadie, Stanley. ed. *The New Grove Dictionary of Music and Musicians,* London: Macmillan Publishers Limited, 1980.Vol. 8.

第三章

圖 3-1 http://web.rollins.edu/~jsiry/David_Jeu_de_Paume.

圖 3-2 Tiberghien, Katia. *Guide du Musée de la Musique,* Paris: Édition de la Réunion des Musée Nationaux, 1997.

圖 3-3 Tiberghien, Katia. *Guide du Musée de la Musique,* Paris: Édition de la Réunion des Musée Nationaux, 1997.

譜例 3-1 克內普勒：19 世紀音樂史　王昭仁譯 北京人民音樂出版社 2002

譜例 3-2 克內普勒：19 世紀音樂史　王昭仁譯 北京人民音樂出版社 2002

譜例 3-3 克內普勒：19 世紀音樂史　王昭仁譯 北京人民音樂出版社 2002

第四章

圖 4-1 Mayol, Jean Loup. *150 ans de la Garde Republicaine, Paris : Cannétable,* 1998.

圖 4-2 Mayol, Jean Loup. *150 ans de la Garde Republicaine, Paris : Cannétable,* 1998.

圖 4-3 Mayol, Jean Loup. *150 ans de la Garde Republicaine, Paris : Cannétable,* 1998.

圖 4-4 *Brass Bulletin,* No. 68, 1989.

圖 4-5 Sadie, Stanley. ed. *The New Grove Dictionary of Music and Musicians,* London: Macmillan Publishers Limited, 1980.Vol. 2.

圖 4-6 *Brass Bulletin,* No. 99, 1997.

圖 4-7 Newsome, Roy. *Brass Roots, A hundred years of brass bands and their music,* Aldershot: Ashgate, 1997.

圖 4-8 http://international.loc.gov/ammem/cwmhtml/cwmpres01.html

第五章

第六章

圖 6-5 Goldman, Richard Franko, *The Wind, It's literature and Technique,* Boston: Allyn and Bacon, 1961.

圖 6-6 *Instrumentalist,* Vol. 58, No. 2, 2003.

圖 6-7 Rickson, Roger. *Fortissimo, A Bio-discography of Frederick Fennell,* Cleveland: Ludwig Music Publication, 1993.

第七章

圖 7-1 須摩洋朔：吹奏樂講座 — 日本の吹奏樂，「陸上自衛隊音樂隊」，東京，音樂之友社，1983。

圖 7-2 *Instrumentalist,* Vol. 58, No. 2, 2003.

圖 7-3 日本高等學校吹奏樂聯盟傳單，2008。

第八章

圖 8-1 Battisti, Frank. *The Winds of Change,* Galeville: Meredith Music, 2002

圖 8-2 Boosey and Hawkes, QMB Edition, No. 501

圖 8-3 Fennell, Frederick, etc. *Conductors Anthology,* Northfield: The Instrumentalist Publishing , 1989.

譜例 8-1 秋山紀夫，*Band Music Index 525,* 東京，音樂之友社，1988

譜例 8-2 *Brass Bulletin,* No. 67, 1989.

譜例 8-3 秋山紀夫，*Band Music Index 525,* 東京，音樂之友社，1988

譜例 8-4 秋山紀夫，*Band Music Index 525,* 東京，音樂之友社，1988

譜例 8-5 Boosey and Hawkes, QMB Edition, No. 501

譜例 8-6 Boosey and Co. Ltd. 1924

譜例 8-7 Ludwig Music Publishing Co. 1990

譜例 8-8 Ludwig Music Publishing Co. 1990

譜例 8-9 Shott Music, 1951